小学生《しょうがくせい》のまんが漢字《かんじ》辞典《じてん》

改訂版《かいていばん》

加納　喜光・監修

Gakken

はじめに

本書《ほんしょ》は、二人《ふたり》の少年少女《しょうねんしょうじょ》がカンジー号《ごう》に乗《の》って、漢字《かんじ》の世界《せかい》を旅《たび》するお話《はなし》です。航海《こうかい》のとちゅう、船《ふね》の中《なか》での生活《せいかつ》や漢字《かんじ》の島《しま》めぐり、海底探検《かいていたんけん》などを通《とお》して、船長《せんちょう》カンジーは二人《ふたり》に漢字《かんじ》のレッスンをおこないます。いろいろな失敗《しっぱい》を重《かさ》ねながら、二人《ふたり》はしっかり漢字《かんじ》をものにしていきます。

最近《さいきん》、漢字《かんじ》が苦手《にがて》だという人《ひと》が増《ふ》えてきました。それは漢字《かんじ》というものがわかっていないからでしょう。アルファベットやかなと比《くら》べると、確《たし》かに漢字《かんじ》は難《むずか》しいといえます。まず第一《だいいち》に、数《かず》が多《おお》く、形《かたち》が複雑《ふくざつ》であること。それは漢字《かんじ》が物《もの》と一対一《いちたいいち》に対応《たいおう》しているからです（イヌには「犬《いぬ》」という字《じ》、ウマには「馬《うま》」という字《じ》などなど）。物《もの》があるだけ漢字《かんじ》もあるのです。第二《だいに》に、読《よ》み方《かた》がいくつもあること。それは音《おん》（中国語《ちゅうごくご》から借《か》りた読《よ》み方《かた》）のほかに訓《くん》（日本語《にほんご》をあてはめた読《よ》み方《かた》）があるからです。しかし訓《くん》は日本人《にほんじん》の大発明《だいはつめい》です。訓《くん》のおかげで漢字《かんじ》は日本語《にほんご》を豊《ゆた》かに表現《ひょうげん》できるようになったのです。

漢字《かんじ》にはすぐれた点《てん》があります。一字一字《いちじいちじ》が意味《いみ》をもつこと、ぱっと見《み》ただけで意味《いみ》がわかることです。

漢字《かんじ》にはいろいろなルールがあります。それをマスターすれば多《おお》くの漢字《かんじ》が自然《しぜん》にあなたのものになるのです。本書《ほんしょ》は漢字《かんじ》のルールを求《もと》める旅《たび》なのです。あなたもカンジー号《ごう》に乗《の》って漢字力《かんじりょく》をアップさせませんか。

茨城大学名誉教授《いばらきだいがくめいよきょうじゅ》　加納喜光《かのうよしみつ》

もくじ

この辞典《じてん》の使《つか》い方《かた》

★この辞典《じてん》であつかっている漢字《かんじ》

中心《ちゅうしん》になっているのは、小学校《しょうがっこう》で学習《がくしゅう》する漢字《かんじ》ですが、内容《ないよう》によっては、中学校《ちゅうがっこう》で学習《がくしゅう》する漢字《かんじ》もいくつか取《と》り上《あ》げています。どの漢字《かんじ》をどのページであつかっているかは、常用漢字音訓表《じょうようかんじおんくんひょう》（P.246～P.268）でたしかめられます。

★三《みっ》つの大《おお》きな区切《くぎ》り

この辞典《じてん》は、次《つぎ》のように大《おお》きく三《みっ》つに分《わ》かれています。それぞれの特《とく》ちょうをよくつかんで、毎日《まいにち》の漢字学習《かんじがくしゅう》に役立《やくだ》ててください。

①漢字《かんじ》ワールド……漢字《かんじ》とはどういうものか、漢字《かんじ》について知《し》っておきたいさまざまな知識《ちしき》を、まんがを読《よ》みながら楽《たの》しく身《み》につけることができます。

②漢字《かんじ》ランド……漢字《かんじ》を早《はや》く正《ただ》しくおぼえるには、グループ別《べつ》にするのが効果的《こうかてき》です。この辞典《じてん》では、同《おな》じ形《かたち》をもつことで、意味《いみ》や読《よ》み方《かた》が共通《きょうつう》している「漢字家族《かんじかぞく》」と、見《み》た目《め》の形《かたち》はちがっても同《おな》じ部首《ぶしゅ》のなかまである「部首家族《ぶしゅかぞく》」をしょうかいします。

③漢字《かんじ》たんけん……漢字《かんじ》のテストでうっかりミスの多《おお》いものを四種類《よんしゅるい》に分《わ》けて取《と》り上《あ》げています。自分《じぶん》の苦手《にがて》なところはどこかよく考《かんが》えて、何度《なんど》も読《よ》み返《かえ》してみてください。

★漢字《かんじ》らくらく暗記《あんき》

小学校《しょうがっこう》で学習《がくしゅう》する漢字《かんじ》の中《なか》から一二〇字《じ》を選《えら》び、学年順《がくねんじゅん》に四回《よんかい》に分《わ》けて、暗記法《あんきほう》をしょうかいしています。漢字《かんじ》の正《ただ》しい形《かたち》を、楽《たの》しいリズムに合《あ》わせてすらすらおぼえましょう。

★ゲームタワー

この辞典《じてん》のところどころに、「ゲームタワー　漢字《かんじ》とあそぼう」のコーナーをもうけています。この辞典《じてん》で身《み》につけた漢字《かんじ》の力《ちから》を、ゲームでたしかめてみましょう。各《かく》ゲームごとに、「低学年《ていがくねん》・中学年《ちゅうがくねん》・高学年《こうがくねん》」とランクをしめしていますから、自分《じぶん》の学年《がくねん》に合《あ》ったところから、どんどん力《ちから》だめしをしましょう。

この辞典《じてん》で使《つか》っている印《しるし》

＊……中学校《ちゅうがっこう》で習《なら》う漢字《かんじ》

＊……中学校以上《ちゅうがっこういじょう》で習《なら》う音読《おんよ》み・訓読《くんよ》み

〈注〉「常用漢字音訓表《じょうようかんじおんくんひょう》」（P.246～P.268）では、中学校《ちゅうがっこう》で習《なら》う読《よ》み方《かた》もしめしてあります。

漢字《かんじ》ワールド
楽楽《らくらく》レッスン

音太《おんた》くん、見《み》せたいものってなあに？
ボ～
パパの友《とも》だちが、ボクらを招待《しょうたい》してくれるんだって！
その船《ふね》がすごいらしいんだ!!
テクテク
楽《たの》しみでチュ～。
ロボットのアチョム
あった！これだよ!!
すっごーい!!
ようこそ音太《おんた》くん、読子《よみこ》ちゃん！
あの人《ひと》だれ？
パパの友《とも》だち「キャプテン・カンジー」さ！

そう、わがはいこそ！

七《なな》つの海《うみ》をまたにかけ、
この世《よ》に漢字《かんじ》のすばらしさを広《ひろ》めるためにたたかいつづける男《おとこ》、キャプテン・カンジーだ!!

はは…。

ボーゼン…

カ…

カッコいいでチュ〜。

待《ま》ちたまえ！今《いま》、そこへ行《い》く！

とうっ！

ボチャ〜ン
ぜんぜんとどいてないね！

カッコ悪《わる》いでチュ〜。

失礼《しつれい》した。早速《さっそく》、乗《の》ってくれたまえ！

え!? 中《なか》、見《み》せてくれるの？

すっごーい
広《ひろ》いねー。
ここが船長室《せんちょうしつ》である。
カチャ
わっ、なんだ! このでっかい地球儀《ちきゅうぎ》!
バーン
これはわがはいの宝物《たからもの》! この中《なか》に漢字《かんじ》の知識《ちしき》がたくさん入《はい》っているのだ!
それにしてもまわりにあるおかし、なんなの?
カンジー様《さま》は、おかしがないと元気《げんき》が出《で》なくなってしまうのです。
だれ?
申《もう》しおくれました。わたくし、この船《ふね》のコック長《ちょう》をしている「パク」でございます。
ペコ
どうぞよろしく。

キミたち、漢字《かんじ》に自信《じしん》はあるかな？
へへ！実《じつ》はあんまり得意《とくい》じゃないんだ。
あたしも～。
アチヨも。
大《だい》じょうぶ!! この船《ふね》に乗《の》って楽《たの》しく旅《たび》をすれば、
ドン
ハハハハハ
どんどん漢字《かんじ》のことがわかってくるよ！
ホント!?
キャプテン、食事《しょくじ》の用意《ようい》ができました！
お！
ヤッホー！ハラがへっては勉強《べんきょう》できぬ!!
まずはハラごしらえじゃ！
あ！まってー。
ビュン
次《つぎ》の章《しょう》から、「漢字《かんじ》」とはどういうものか、わかりやすく教《おし》えていくぞよ！

楽楽《らくらく》レッスン①

漢字《かんじ》の起《お》こり

まずはこれを見《み》てもらおう。漢字《かんじ》のご先祖《せんぞ》さまといえるものだ！
ホネにほってあるみたい。
なんてかいてあるの？音太《おんた》くん！
えーと…って、読《よ》めるわけないだろ！
（國學院大學考古学資料館　収蔵）

もの知りメモ

漢字《かんじ》を作《つく》ったのはだれ？

中国《ちゅうごく》につたわる古《ふる》い伝説《でんせつ》に、黄帝《こうてい》という帝王《ていおう》につかえていた倉頡《そうけつ》という人《ひと》が、鳥《とり》やけものの足《あし》あとを見《み》て、その形《かたち》をヒントに作《つく》ったという話《はなし》がありますが、本当《ほんとう》かどうかはわかっていません。

いずれにしても、漢字《かんじ》は、一人《ひとり》の人間《にんげん》が発明《はつめい》したものではなく、長《なが》い年月《ねんげつ》をかけて多《おお》くの人々《ひとびと》がさまざまなくふうを重《かさ》ねて作《つく》り出《だ》したものだと考《かんが》えたほうが、いいようです。

もの知りメモ

漢字《かんじ》は意味《いみ》をもつ！

はるのかぜ ⇔ 春《はる》の風《かぜ》

上《うえ》のひらがなの一字一字《いちじいちじ》は、発音《はつおん》はしめしますが、「はる」「かぜ」のように、ほかの字《じ》と組《く》み合《あ》わせないと言葉《ことば》にはなりません。ところが、下《した》の「春《はる》・風《かぜ》」という漢字《かんじ》は、一字《いちじ》でも言葉《ことば》として意味《いみ》を表《あらわ》すことができます。

世界《せかい》にはいろいろな文字《もじ》がありますが、一字《いちじ》だけで意味《いみ》を表《あらわ》すことができるのは、漢字《かんじ》だけです。このようなすぐれた文字《もじ》を中国《ちゅうごく》から取《と》り入《い》れた日本人《にほんじん》も、すぐれてる!!

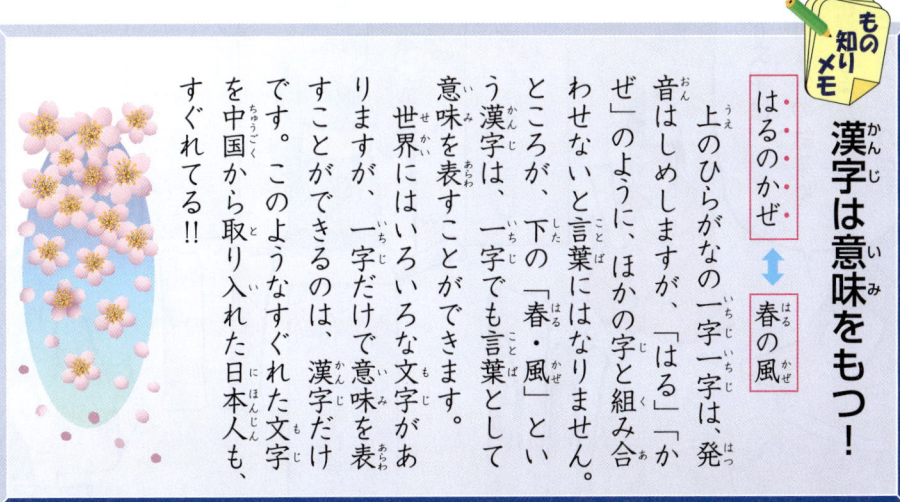

当時《とうじ》の人々《ひとびと》は、なんのために文字《もじ》をほったんですか？

うむ、よい質問《しつもん》だ。甲骨文字《こうこつもじ》はな、うらないと深《ふか》く関係《かんけい》しているのだ！

字
わたし、うらない大《だい》すき！

昔《むかし》の人《ひと》も、うらないをやってたのかしら？

昔《むかし》の王《おう》たちは、国《くに》の大事《だいじ》なことを決《き》めるとき、すべてのことをうらないで決定《けってい》していた。

う～む。明日《あす》の戦《いくさ》に勝《か》てるか…。

今年《ことし》は豊作《ほうさく》になるか…。

当時《とうじ》の人々《ひとびと》は、それほど神《かみ》をうやまい信《しん》じていたのだ！

へえー、天気《てんき》までうらなってたんだ！
①清《きよ》めた甲《こう》らや骨《ほね》に穴《あな》をあける。
②穴《あな》に、やけた火《ひ》ばしをさす。
③割《わ》れ目《め》の形《かたち》でうらなう。
吉《きち》か？凶《きょう》か？

甲骨文字《こうこつもじ》は、うらないの結果《けっか》を記録《きろく》するための文字《もじ》だったのだ！

もの知りメモ

甲骨文字《こうこつもじ》は強《つよ》い！

最初《さいしょ》に甲骨文字《こうこつもじ》が発見《はっけん》されたのは、中国《ちゅうごく》の首都《しゅと》である北京《ペキン》よりかなり南《みなみ》に位置《いち》する河南省安陽県《ホーナンしょうアンヤンけん》というところにある村《むら》です。

ここは、三千年以上《さんぜんねんいじょう》も前《まえ》に古代中国《こだいちゅうごく》の「殷《いん》」という国《くに》の都《みやこ》があったとされている土地《とち》であることから、甲骨《こうこつ》にきざまれていたのは、殷《いん》の人々《ひとびと》の文字《もじ》であることがわかりました。

当時《とうじ》の人々《ひとびと》は、甲《こう》らや骨《ほね》以外《いがい》に、木《き》の札《ふだ》や竹《たけ》の札《ふだ》などにも文字《もじ》を書《か》いていたと考《かんが》えられます。しかし、木《き》や竹《たけ》は、長《なが》い年月《ねんげつ》の間《あいだ》に土《つち》の中《なか》でくさってしまいます。ただ甲骨文字《こうこつもじ》だけが、じっとこらえ現代《げんだい》まで生《い》きのびたのです。

高《たか》ーい！なにこれ!?
カンジー号《ごう》自《じ》まんの見《み》はらし台《だい》。その名《な》も「漢字《かんじ》タワー」だ！
漢字三千年《かんじさんぜんねん》の歴史《れきし》にちなんで、高《たか》さはなんと三千《さんぜん》メートル！
3000メートル!!
のつもりだったが、そんなに高《たか》くすると船《ふね》がたおれちゃうのでやめた！
ホントは三十メートルくらいかな？
ガク
だけど、いいながめでチュ。遠《とお》くまでよく見《み》えまチュ～。
そうだろう。すばらしいながめをたっぷり味《あじ》わえるぞ。ハッハッハ！
ちょっとこわーい。

?

カメの甲《こう》らやけものの骨《ほね》に、いろいろな甲骨文字《こうこつもじ》がほってあるよ。さて、この文字《もじ》を今《いま》の漢字《かんじ》に直《なお》すとどうなるかな？　♣のヒントをよく読《よ》んで考《かんが》えよう!!

①

♣「ひとり」だよ。

②

♣ワンワン！

③

♣「すわる」の反対《はんたい》だよ。

④

♣空《そら》をとぶよ。

⑤

♣東《ひがし》・西《にし》・南《みなみ》…。

⑥

♣家《いえ》の外側《そとがわ》の入《い》り口《ぐち》は？

⑦

♣「帰《かえ》る」の反対《はんたい》は？

〈答え〉①人　②犬　③立　④鳥　⑤北　⑥門　⑦行

楽楽《らくらく》レッスン②

漢字《かんじ》の成《な》り立《た》ち

もの知りメモ

六書《りくしょ》

許慎《きょしん》があらわした「説文解字《せつもんかいじ》」は、中国《ちゅうごく》でもっとも古《ふる》い字書《じしょ》です。この本《ほん》で、許慎《きょしん》は漢字《かんじ》を次《つぎ》の六《ろく》種類《しゅるい》に分類《ぶんるい》しています。

①象形《しょうけい》	②指事《しじ》	③会意《かいい》
④形声《けいせい》	⑤仮借《かしゃ》	⑥転注《てんちゅう》

この分類《ぶんるい》を「六書《りくしょ》」といいます。①～④は漢字《かんじ》の成《な》り立《た》ち（作《つく》り方《かた》）、⑤・⑥は、漢字《かんじ》の使《つか》い方《かた》についてのものです。

漢字《かんじ》の中《なか》でもっとも古《ふる》いとされる甲骨文字《こうこつもじ》にも、①～④の作《つく》り方《かた》によってできた漢字《かんじ》の例《れい》を見《み》ることができます。

①象《しょう》形《けい》文《も》字《じ》

ものの形《かたち》をかたどった字《じ》

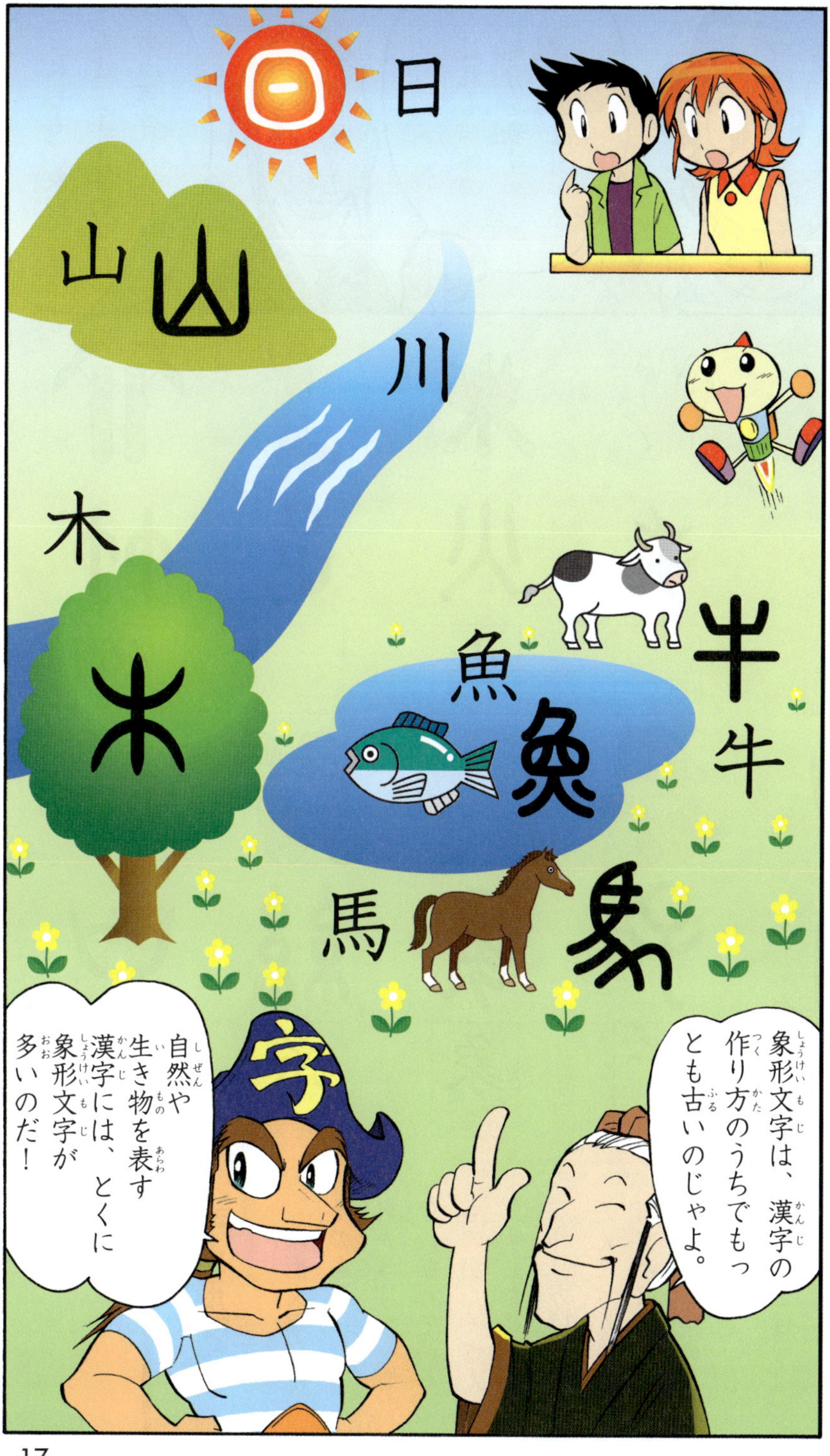

日
山
川
木
魚
牛
馬
字
象形文字《しょうけいもじ》は、漢字《かんじ》の作《つく》り方《かた》のうちでもっとも古《ふる》いのじゃよ。
自然《しぜん》や生《い》き物《もの》を表《あらわ》す漢字《かんじ》には、とくに象形文字《しょうけいもじ》が多《おお》いのだ！

これらも、象形文字《しょうけいもじ》だよ。①〜④の□に合《あ》う漢字《かんじ》は、何《なに》？
どれも、体《からだ》の部分《ぶぶん》を表《あらわ》す漢字《かんじ》だよ!!

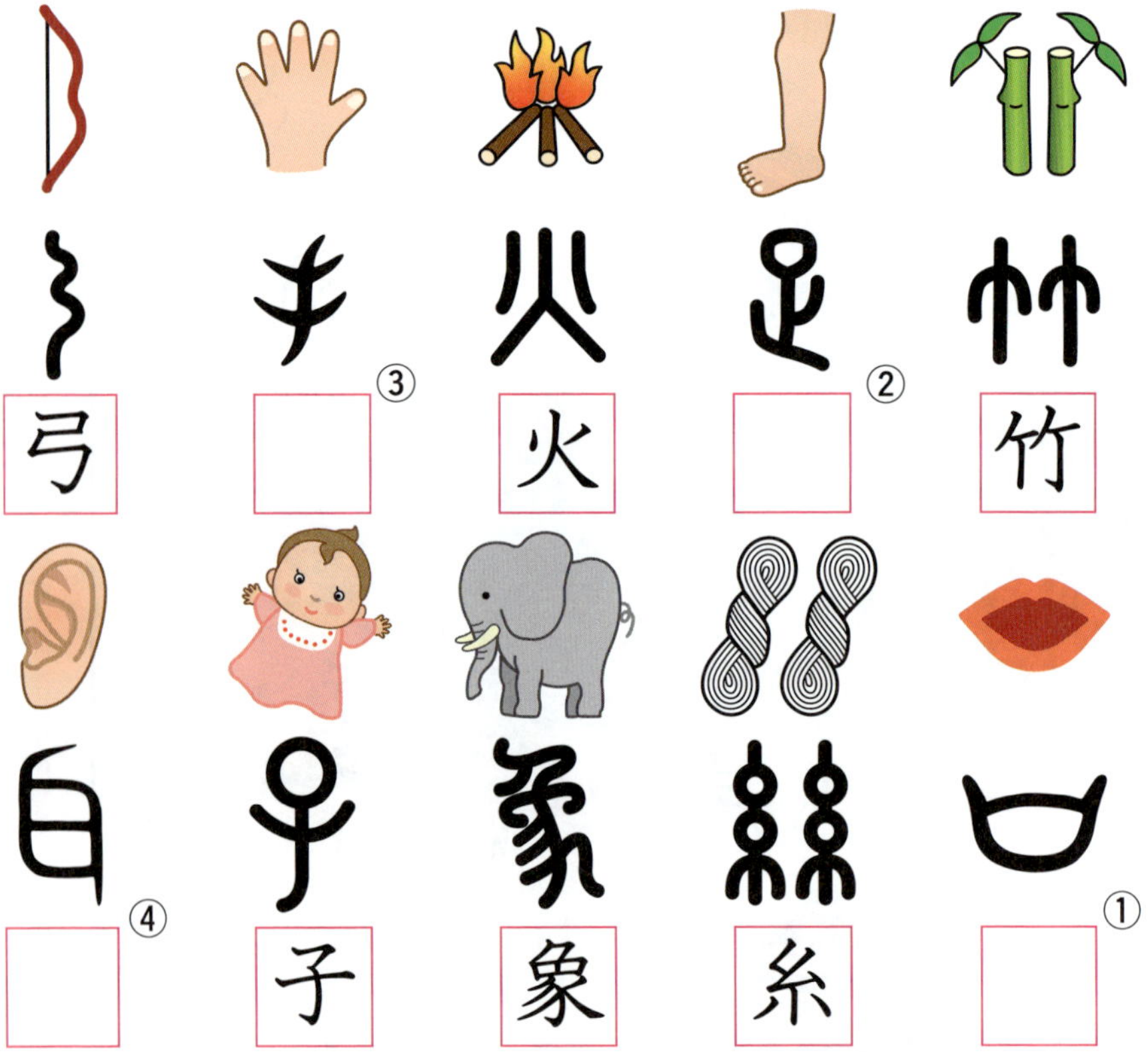

竹
②
火
③
弓
①
糸
象
子
④

もの知りメモ 象形文字《しょうけいもじ》

象形文字《しょうけいもじ》には、そのあとに作《つく》られた漢字《かんじ》の一部《いちぶ》分《ぶん》になっているものがたくさんあります。

作《つく》り方《かた》はかんたんですが、象《しょう》形文字《けいもじ》は、いろいろな漢字《かんじ》の土《ど》台《だい》となっているともいえますよ。

〈答え〉①口 ②足 ③手 ④耳

②指事文字《しじもじ》

絵《え》でかきにくい事《こと》がらを点《てん》や線《せん》などの印《しるし》で表《あらわ》した字《じ》

すでにできていた象形文字《しょうけいもじ》を利用《りよう》して作《つく》ったものもあるんじゃ。
「一・二・三」は、棒《ぼう》の数《かず》で表《あらわ》したんだね。

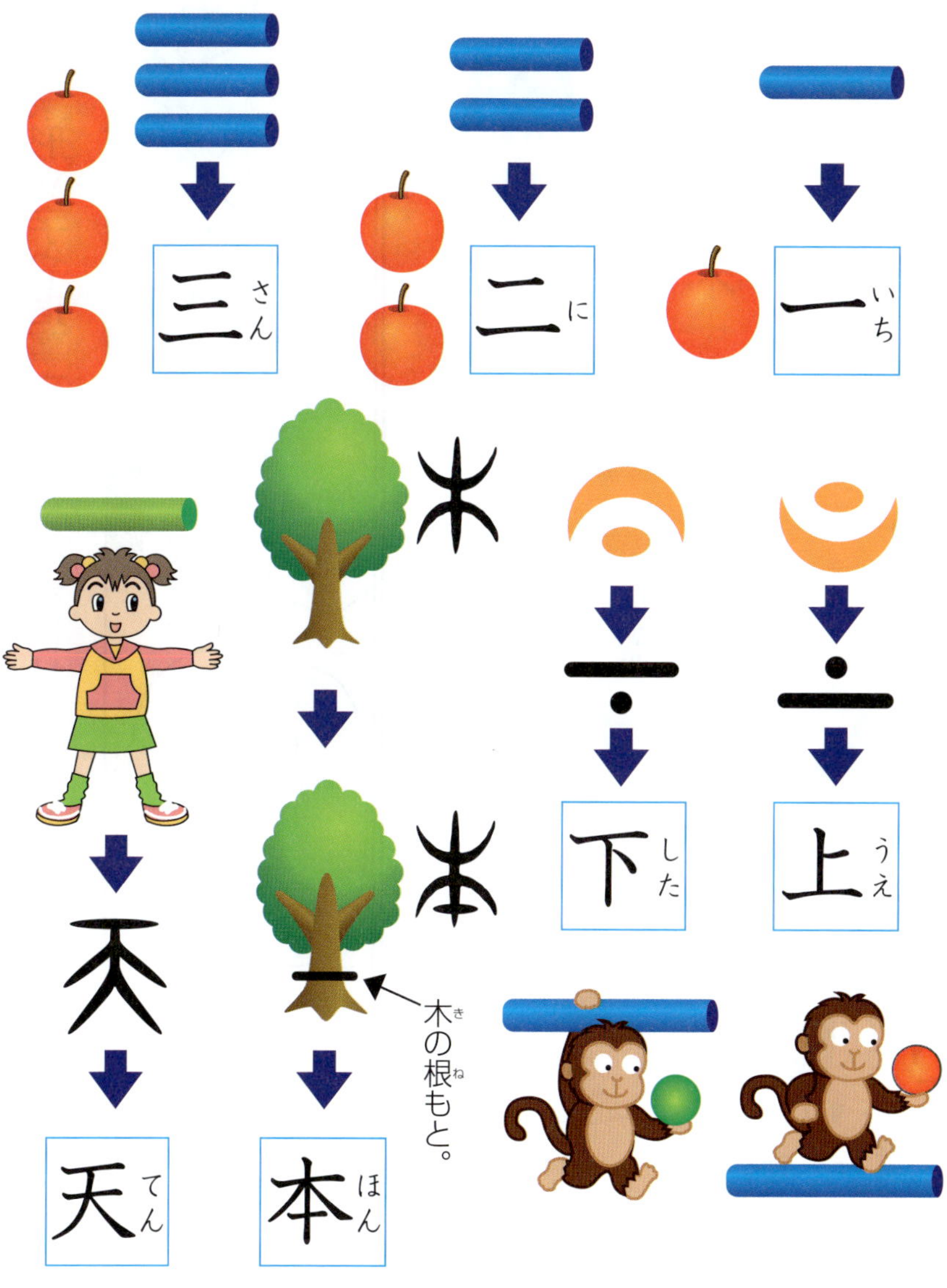
一《いち》
二《に》
三《さん》
上《うえ》
下《した》
木《き》の根《ね》もと。
本《ほん》
天《てん》

③会《かい》意《い》文《も》字《じ》

象形文字《しょうけいもじ》や指事文字《しじもじ》を組《く》み合《あ》わせて新《あたら》しく文字《もじ》を表《あらわ》したもの

田＋力 → 男《おとこ》

鳥＋口 → 鳴《な》（く）

日＋月 → 明《あか》（るい）

山＋石 → 岩《いわ》

木＋木 → 林《はやし》

木＋木＋木 → ？

④形声文字《けいせいもじ》

意味《いみ》を表《あらわ》す部分《ぶぶん》と発音《はつおん》を表《あらわ》す部分《ぶぶん》を組《く》み合《あ》わせた字《じ》

音読《おんよ》みにアタック!!

形声文字《けいせいもじ》は、漢字《かんじ》を二《ふた》つに分《わ》けたうちの一方《いっぽう》が、音読《おんよ》みを表《あらわ》している。

これに注目《ちゅうもく》すると、まだ習《なら》っていない漢字《かんじ》の音読《おんよ》みも、スラスラわかるかもしれないゾ。

では、下《した》の六《むっ》つの言葉《ことば》を読《よ》んでみよう。漢字《かんじ》の赤《あか》い部分《ぶぶん》がヒントだ。赤《あか》い部分《ぶぶん》は、どれも、一《いち》・二年生《にねんせい》で習《なら》った漢字《かんじ》だよ。

アタック!!

① 果《か》汁〔くだもののしる。〕

② 姓名《めい》〔名字《みょうじ》と名前《なまえ》。〕

③ 拍手《しゅ》〔手《て》をたたくこと。〕

④ 枯死《し》〔草木《くさき》がかれること。〕

⑤ 請求《きゅう》〔さいそくすること。〕

⑥ 福《ふく》祉〔みんなの幸福《こうふく》。〕

もの知りメモ

国字《こくじ》

漢字《かんじ》の中《なか》には、日本《にほん》で作《つく》り出《だ》されたものがあります。これは、日本独特《にほんどくとく》の言葉《ことば》のために、その意味を表《あらわ》す漢字《かんじ》が見《み》つからなかったためで、こうした漢字《かんじ》を「国字《こくじ》」とよんでいます。

畑　はたけ　　働*　ドウ　はたらく

榊★　さかき　　峠*　とうげ

凩★　こがらし

国字《こくじ》の多《おお》くは会意文字《かいいもじ》で、訓読《くんよ》みしかないのがふつうです。(「働《どう》」は例外《れいがい》)

［*は中学校《ちゅうがっこう》で習《なら》う漢字《かんじ》。★は小《しょう》・中学校《ちゅうがっこう》で習《なら》わない漢字《かんじ》。］

〈アタックの答え〉①かじゅう　②せいめい　③はくしゅ　④こし　⑤せいきゅう　⑥ふくし

ゲームタワー
漢字とあそぼう

低学年

なぞの手紙《てがみ》

ポストに入《はい》っていたこの手紙《てがみ》、いったいだれからのもので、何《なに》が書《か》いてあるんだろう。だれか読《よ》んでくれないかな。

ようの夜、
花会があるよ。
いっしょにに行こうよ。
六寺に交の正の
前で、まっているね。
より

 答えは、270ページ

楽楽《らくらく》レッスン③ 漢字《かんじ》の音《おん》と訓《くん》

そのとおり。漢字《かんじ》には、ふつう二《ふた》とおりの読《よ》み方《かた》があるのだ！
本日《ほんじつ》はこの調理場《ちょうりば》でのレッスンといこうか。
今日《きょう》のメニュー
音《おん》
漢字《かんじ》が日本《にほん》に伝《つた》えられたときの中国《ちゅうごく》の発音《はつおん》をもとにした読《よ》み方《かた》。
火《カ》 水《スイ》 船《セン》
訓《くん》
漢字《かんじ》のもつ意味《いみ》と同《おな》じ意味《いみ》の日本語《にほんご》をあてはめた読《よ》み方《かた》。
火《ひ》 水《みず》 船《ふね》
材料《ざいりょう》が同《おな》じでも、二種類《にしゅるい》の料理《りょうり》ができちゃうのでーす！
球《キュウ》 雲《ウン》 塩《エン》 橋《キョウ》 倉《ソウ》 心《シン》
球《たま》 雲《くも》 塩《しお》 橋《はし》 倉《くら》 心《こころ》
これは、音読《おんよ》みの皿《さら》ね！
こっちの皿《さら》は訓読《くんよ》みだ!!

音《おん》・訓《くん》の見分《みわ》け方《かた》

火事《かじ》　火災《かさい》
水道《すいどう》　水泳《すいえい》
船長《せんちょう》　乗船《じょうせん》
音読《おんよ》みのときは、ほかの漢字《かんじ》と組《く》み合《あ》わせて使《つか》うのがふつうです。
中《なか》には、音読《おんよ》みでも一字《いちじ》だけで意味《いみ》のわかるものもあります。
・絵《え》をかく。
・駅《えき》へ行《い》く。

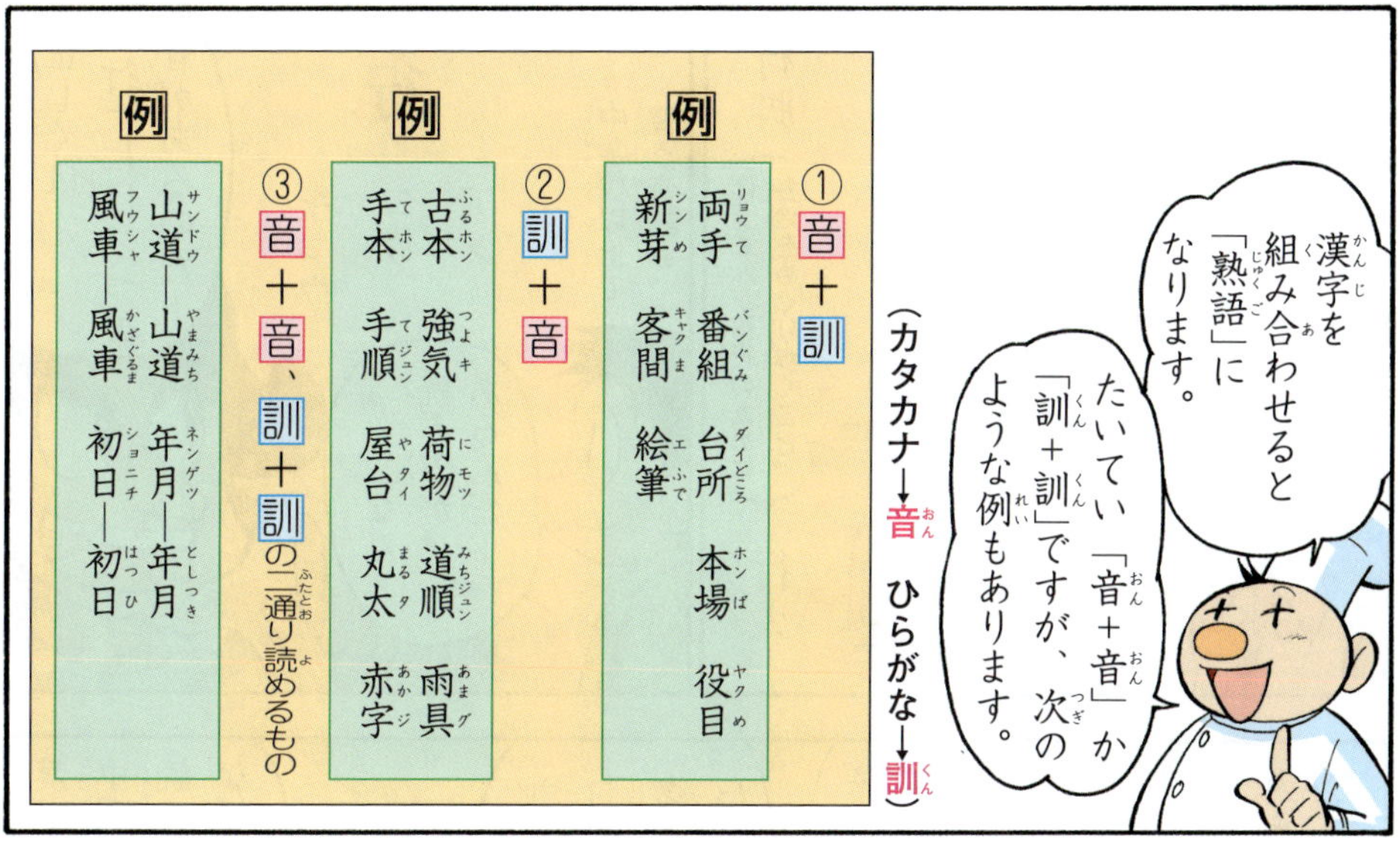
漢字《かんじ》を組《く》み合《あ》わせると「熟語《じゅくご》」になります。
たいてい「音《おん》＋音《おん》」か「訓《くん》＋訓《くん》」ですが、次《つぎ》のような例《れい》もあります。
（カタカナ→音《おん》　ひらがな→訓《くん》）
①音＋訓
例
両手《リョウて》　番組《バンぐみ》　台所《ダイどころ》　本場《ホンば》　役目《ヤクめ》
新芽《シンめ》　客間《キャクま》　絵筆《エふで》
②訓＋音
例
古本《ふるホン》　強気《つよキ》　荷物《にモツ》　道順《みちジュン》　雨具《あまグ》
手本《てホン》　手順《てジュン》　屋台《やタイ》　丸太《まるタ》　赤字《あかジ》
③音＋音、訓＋訓の二通《ふたとお》り読《よ》めるもの
例
山道《サンドウ》―山道《やまみち》　年月《ネンゲツ》―年月《としつき》
風車《フウシャ》―風車《かざぐるま》　初日《ショニチ》―初日《はつひ》

おおーパクさんすごーい！
キャーすてきー！
サインしてチョ
いやあどうも
ちなみに、アチョくんが持《も》ってる色紙《しきし》は、「色紙《いろがみ》」と読《よ》むと意味《いみ》がかわるのだ！
ちょっとくやしい。

客室《きゃくしつ》ロビー
月旅行《つきりょこう》に出《で》かける人《ひと》の行列《ぎょうれつ》が、つづいています。
宇宙旅行《うちゅうりょこう》が人気《にんき》だね。
旅行《りょこう》 行列《ぎょうれつ》 「行」には二《ふた》つの音《おん》があるね。
正《ただ》しくは、「行」には三《みっ》つの音《おん》があるのだ！
行
ギョウ
コウ
アン＊
＊中学校以上《ちゅうがっこういじょう》で習《なら》う音読《おんよ》み。
「アン」なんて読《よ》み方《かた》があるんだ！

行脚《アンギャ》（ぼうさんが修行《しゅぎょう》のために各地《かくち》をめぐり歩《ある》くこと。）

行火《アンカ》（炭火《すみび》を入《い》れて手足《てあし》をあたためる道具《どうぐ》。）

へえ——、昔《むかし》の言葉《ことば》なのね。

漢字《かんじ》の音読《おんよ》みは、中国《ちゅうごく》から入《はい》ってきた読《よ》み方《かた》なんでしょ？なぜいくつもあるの？

訓読《くんよ》みは、日本《にほん》でできたから多《おお》くなるのもわかるけど…。

それはな、漢字《かんじ》の音《おん》が、中国《ちゅうごく》のどの時代《じだい》に日本《にほん》に入《はい》ってきたのかによってちがうのだ！その時代《じだい》とは、大《おお》きく三種類《さんしゅるい》に分《わ》けられる！

うんうん

呉音(ごおん)

▼五《ご》・六世紀《ろくせいき》ごろ朝鮮半島《ちょうせんはんとう》をへて日本《にほん》へつたわってきた音《おん》。仏教《ぶっきょう》に関係《かんけい》する言葉《ことば》に多《おお》い。

語例《ごれい》

- **人間《にんげん》**
- **役人《やくにん》**
- **上下《じょうげ》**
- **兄弟《きょうだい》**

漢音(かんおん)

▼八《はち》・九世紀《きゅうせいき》ごろ国《くに》のつかいや留《りゅう》学生《がくせい》たちによってつたえられた。現在《げんざい》の音読《おんよ》みの多《おお》くは漢音《かんおん》。

語例《ごれい》

- **期間《きかん》**
- **都会《とかい》**
- **自然《しぜん》**
- **男女《だんじょ》**

唐(宋)音(とう[そう]おん)

▼十二《じゅうに》・三世紀《さんせいき》ごろ、中国《ちゅうごく》にわたった僧《そう》や中国《ちゅうごく》の商人《しょうにん》などがつたえたが、あまり広《ひろ》まらなかった。

語例《ごれい》

- **普請《ふしん》**
- **様子《ようす》**
- **茶菓《さか》**

〈注《ちゅう》〉呉音《ごおん》・漢音《かんおん》の語例《ごれい》は、二字《にじ》とも呉音《ごおん》・漢音《かんおん》だが、唐《とう》(宋《そう》)音《おん》の場合《ばあい》は、赤字《あかじ》でしめした読《よ》みが唐《とう》(宋《そう》)音《おん》。

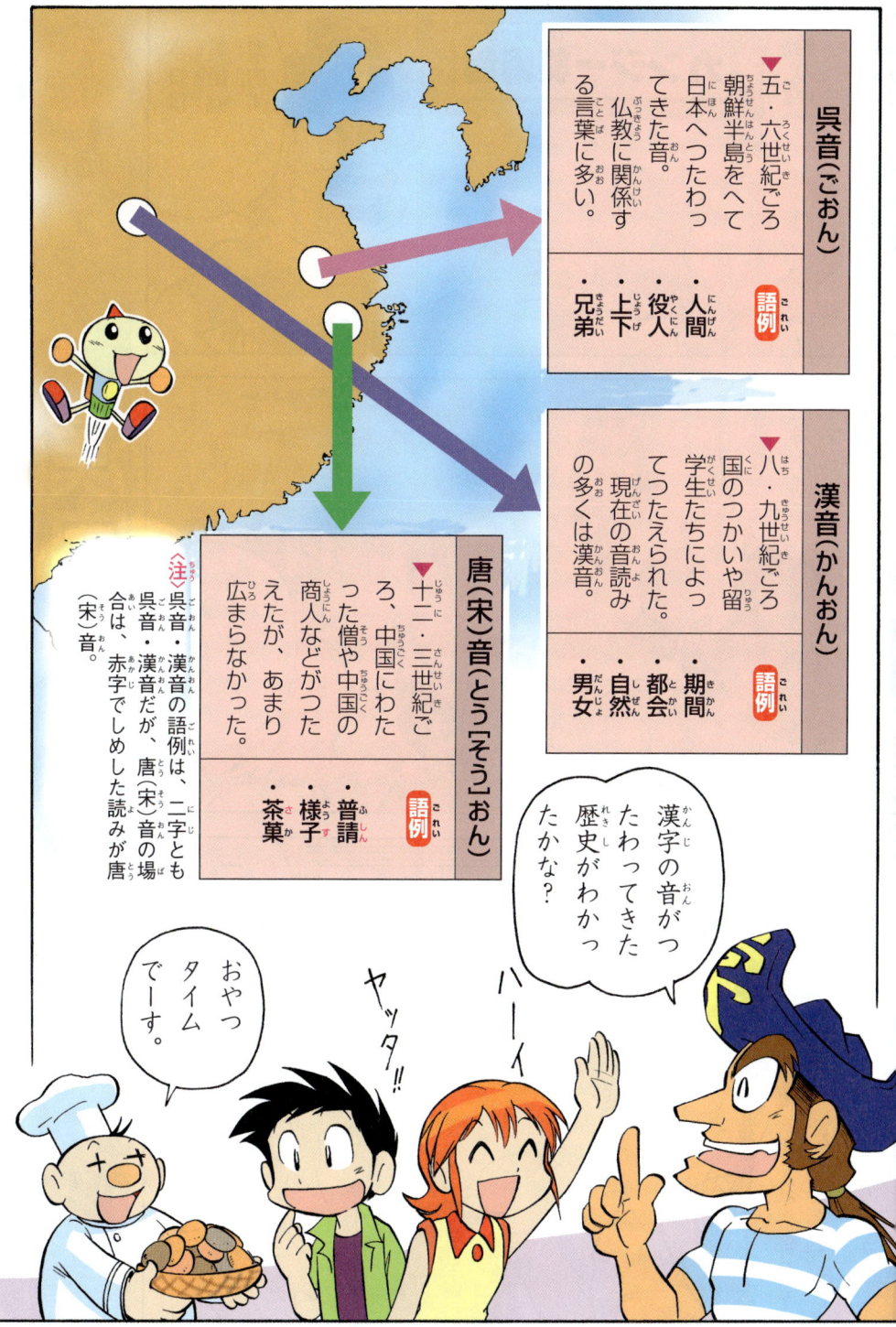

楽《らく》楽《らく》レッスン④
漢《かん》字《じ》の部《ぶ》首《しゅ》

夏の皮
秋の魚
冬の巻
絵《え》にかいてあるものが、ヒントだね！
う〜ん。
キレイでチュー。
わかった！「春《はる》の海《うみ》」「夏《なつ》の波《なみ》」「秋《あき》の漁《りょう》」「冬《ふゆ》の港《みなと》」でしょ！
おお！なんと、かくれた部分《ぶぶん》が全部同《ぜんぶおな》じだったんだ！
ピンポーン！このように漢字《かんじ》には共通《きょうつう》の部分《ぶぶん》をもつものがある。
春の海
氵のようにいくつかの漢字《かんじ》に共通《きょうつう》している部分《ぶぶん》のことを、「部首《ぶしゅ》」というのだ！

部首《ぶしゅ》は、漢字《かんじ》の位置《いち》と関係《かんけい》しているぞ！位置《いち》は大《おお》きく七《なな》つに分《わ》かれているのだ！
「水」は「へん」になると氵になるのね！
位置《いち》によって形《かたち》やよび名《な》が変《か》わるね。

おぼえよう

七《なな》つの位置《いち》とおもな部首《ぶしゅ》

位置《いち》	形《かたち》(よび方《かた》)	意味《いみ》	漢字《かんじ》の例《れい》
へん	イ(にんべん)	人《ひと》	仕《シ》 他《タ》 伝《デン》 休《キュウ》 任《ニン》 保《ホ》
	木(きへん)	木《き》	林《リン》 村《ソン》 板《ハン》 柱《チュウ》 根《コン》 棒《ボウ》
	氵(さんずい)	水《みず》	波《ハ》 注《チュウ》 泳《エイ》 洋《ヨウ》 流《リュウ》 清《セイ》
	言(ごんべん)	言葉《ことば》	計《ケイ》 記《キ》 話《ワ》 語《ゴ》 説《セツ》 訳《ヤク》
	阝(こざとへん)	おか・階段《かいだん》	陽《ヨウ》 院《イン》 陸《リク》 階《カイ》 防《ボウ》 降《コウ》
	忄(りっしんべん)	心《こころ》	性《セイ》 情《ジョウ》 快《カイ》 慣《カン》
	礻(しめすへん)	神《かみ》・祭《まつ》り	社《シャ》 礼《レイ》 福《フク》 神《シン》 祝《シュク》 祖《ソ》
	衤(ころもへん)	衣類《いるい》	複《フク》 補《ホ》
	糸(いとへん)	糸《いと》・織物《おりもの》	紙《シ》 組《ソ》 級《キュウ》 緑《リョク》 績《セキ》 絶《ゼツ》
つくり	刂(りっとう)	刀《かたな》・切《き》ること	列《レツ》 別《ベツ》 刷《サツ》 利《リ》 制《セイ》 判《ハン》
	力(ちから)	力《ちから》	助《ジョ》 功《コウ》 効《コウ》 勤《キン》
	阝(おおざと)	村《むら》・地域《ちいき》	部《ブ》 都《ト》 郡《グン》 郵《ユウ》 郷《キョウ》
	攵(ぼくにょう・のぶん)	打《う》つ・無理《むり》にさせる	教《キョウ》 数《スウ》 放《ホウ》 救《キュウ》 敗《ハイ》 敵《テキ》
	頁(おおがい)	頭《あたま》・顔《かお》	頭《トウ》 顔《ガン》 順《ジュン》 類《ルイ》 願《ガン》 預《ヨ》
	艹(くさかんむり)	草《くさ》	花《カ》 茶《チャ》 草《ソウ》 芽《ガ》 薬《ヤク》 菜《サイ》
	宀(うかんむり)	建物《たてもの》	守《シュ》 安《アン》 完《カン》 家《カ》 宮《キュウ》 富《フ》

〈注《ちゅう》〉「漢字《かんじ》の例《れい》」のカタカナは音読《おんよ》み。＊は中学校以上《ちゅうがっこういじょう》で習《なら》う音読《おんよ》み。

同《おな》じ部首《ぶしゅ》の漢字《かんじ》は、意味《いみ》にも共通点《きょうつうてん》があるんだね。
そうね。海《うみ》・波《なみ》・漁《りょう》・港《みなと》って、どれも「水《みず》」に関係《かんけい》してるわ。
字
「漢和辞典《かんわじてん》」は、この部首《ぶしゅ》によって漢字《かんじ》を区別《くべつ》しているのだ！

かんむり	⺮（たけかんむり）	竹《たけ》	答《トウ》 第《ダイ》 等《トウ》 節《セツ》 築《チク》 筋《キン》
	亠（なべぶた）	屋根《やね》	交《コウ》 京《キョウ》 亡《ボウ》
	癶（はつがしら）	前《まえ》に出《で》ていく両足《りょうあし》	発《ハツ》 登《トウ》
	穴（あなかんむり）	穴《あな》	空《クウ》 究《キュウ》 窓《ソウ》
あし	灬（れんが・れっか）	火《ひ》	点《テン》 照《ショウ》 無《ム》 熱《ネツ》 熟《ジュク》
	儿（ひとあし）	人《ひと》・人体《じんたい》	元《ゲン》 兄《キョウ》 先《セン》 光《コウ》 児《ジ》 党《トウ》
	皿（さら）	食器《しょっき》	益《エキ》 盟《メイ》 *盛《セイ》
たれ	广（まだれ）	家《いえ》・屋根《やね》	広《コウ》 店《テン》 庫《コ》 底《テイ》 序《ジョ》 庁《チョウ》
	厂（がんだれ）	がけ	原《ゲン》 *厚《コウ》
	疒（やまいだれ）	病気《びょうき》	病《ビョウ》 痛《ツウ》
にょう	辶（しんにょう）	道《みち》・行《い》く	通《ツウ》 道《ドウ》 運《ウン》 進《シン》 連《レン》 過《カ》
	廴（えんにょう）	長《なが》くのばす	建《ケン》 延《エン》
	走（そうにょう）	歩《ある》く・走《はし》る	起《キ》
かまえ	囗（くにがまえ）	かこむ	回《カイ》 園《エン》 国《コク》 固《コ》 因《イン》 困《コン》
	門（もんがまえ）	門《もん》	間《カン》 開《カイ》 関《カン》 閣《カク》 閉《ヘイ》
	行（ぎょうがまえ ゆきがまえ）	道《みち》	街《ガイ》 術《ジュツ》 衛《エイ》
	匸（かくしがまえ）	かくす・おおう	区《ク》 医《イ》

楽楽《らくらく》レッスン⑤ 漢字《かんじ》の画《かく》数《すう》・筆《ひつ》順《じゅん》

音太《おんた》くん！きみには画数《かくすう》・筆順《ひつじゅん》の勉強《べんきょう》が必要《ひつよう》だ!!
画数《かくすう》？筆順《ひつじゅん》？
ビシッ

画数《かくすう》 漢字《かんじ》を組《く》み立《た》てている点《てん》や線《せん》の数《かず》。

七 (2画《かく》)　上 (3画《かく》)　引 (4画《かく》)

正 (5画《かく》)　耳 (6画《かく》)　作 (7画《かく》)

門 (8画《かく》)　点 (9画《かく》)　記 (10画《かく》)

字
画《かく》には、赤《あか》い部分《ぶぶん》のようにおれまがった形《かたち》で一画《いっかく》になっているものもあるのだ。

筆順《ひつじゅん》 漢字《かんじ》を書《か》くときの順序《じゅんじょ》。

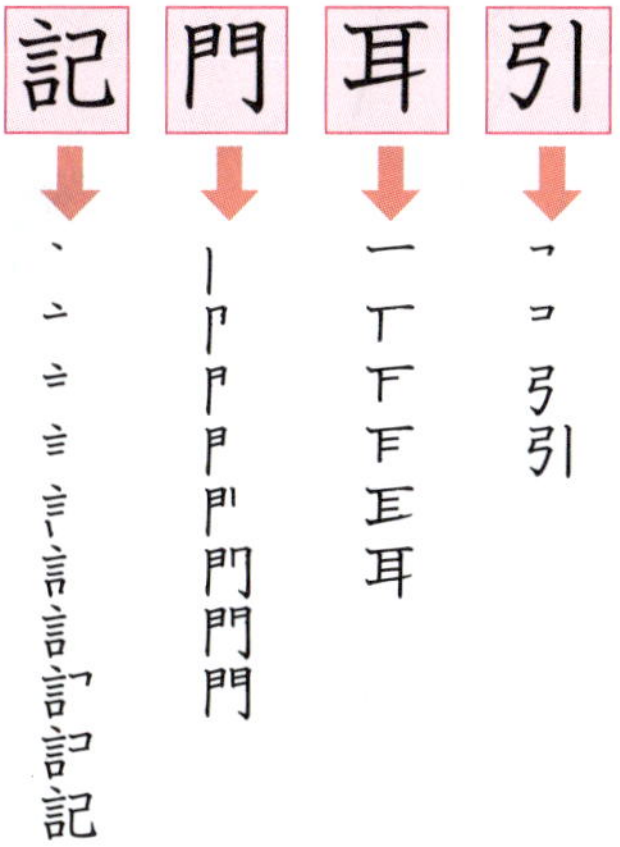
引
耳
門
記

ものしりメモ

一画《いっかく》で書《か》く！

国　場　氏　直　号

予　気　発　級　飛

赤《あか》い画《かく》は、どれも一画《いっかく》で書《か》くものです。二画《にかく》で書《か》いてしまうと、漢字《かんじ》の総画数《そうかくすう》がかわってしまいますから十分気《じゅうぶんき》をつけましょう。

ひと筆《ふで》でつづけて書《か》くと、なめらかに書《か》けますよ。

もの知りメモ

総画《そうかく》さくいん

漢和辞典《かんわじてん》や漢字辞典《かんじじてん》で調《しら》べたい漢字《かんじ》をさがすとき、

- 部首《ぶしゅ》さくいん
- 音訓《おんくん》さくいん
- 総画《そうかく》さくいん

のうちのどれかを使《つか》います。

ただし「部首《ぶしゅ》」や「音訓《おんくん》」は、あらかじめ知《し》っていないと、お手《て》上《あ》げです。そんなとき、強《つよ》いみかたになってくれるのが、「総《そう》画《かく》」です。

漢字《かんじ》の画数《かくすう》さえ正《ただ》しく数《かぞ》えることができれば、「総画《そうかく》さくいん」を開《ひら》いて、その画数《かくすう》のところにならんでいる漢字《かんじ》の中《なか》からさがせます。便利《べんり》ですよ!!

ゲームタワー

漢字とあそぼう

中学年 あなたはだーれ？

ぼくは、クイズ大会《たいかい》の受付係《うけつけがかり》。来《き》た人《ひと》に名《な》札《ふだ》をわたさなければいけないんだけど、みんなクイズで自分《じぶん》の名字《みょうじ》を言《い》うもんだから、こまっちゃってるんだ。
下《した》の４人《にん》の名札《なふだ》はどれか、教《おし》えて!!
中村
森下
岸木
福山
和田
大川
橋本
高野
かなで書《か》くと、上《うえ》から読《よ》んでも下《した》から読《よ》んでも同《おな》じだよ。
わたしの名字《みょうじ》には、「木《き》」が三《みっ》つあるのよ。
上《うえ》の字《じ》と下《した》の字《じ》の総画数《そうかくすう》が、同《おな》じよ。
のぎへんの漢字《かんじ》がふくまれているのが、ぼくの名札《なふだ》さ。
りょう
りな
あかり
ひろと

 答えは、270ページ

楽楽《らくらく》レッスン⑥ 送《おく》りがな

音太《おんた》くん、何《なに》してるの？
船長室《せんちょうしつ》の中《なか》で、航海日誌《こうかいにっし》らしいものを見《み》つけたんだ！
ワクワク
カンジーさんのわかいころの冒険《ぼうけん》が書《か》いてあるかも～。
カンジーの日記《にっき》
七月六日《しちがつむいか》夕飯《ゆうはん》を食《た》べすぎて、おなかが苦《にが》い。
オナカがニガイ!?
七月十日《しちがつとおか》目《め》を閉《し》めるとあこがれのジュリアの顔《かお》がうかぶ。
目《め》をしめる？なんかムードないわね！
七月十五日《しちがつじゅうごにち》熱《ねつ》っぽかったので水《みず》で頭《あたま》を冷《さま》す。
ちょっと！さっきからその文章《ぶんしょう》、へんじゃない？
コラ――――!!
おまえたち、人《ひと》の小学校《しょうがっこう》のときの日記《にっき》をぬすみ読《よ》みするなー!!
わ!!
カンジーの日記《にっき》

この日記《にっき》には、わしの初恋《はつこい》の思《おも》い出《で》がつまっとるのだ！
おおジュリア
カンジーの日記《にっき》
なんだ、ただの日記《にっき》だったのか。
でもカンジー！なんかその中《なか》の文章《ぶんしょう》、へんだったわよ！
何《なん》のことだ？
おなかがにがいとか、目《め》をしめるとか、頭《あたま》をさますとか…。
そ、そんなこと書《か》いたおぼえはないぞ。
……おなかが苦い。
……目《め》を閉ると……
……頭《あたま》を冷す。
ムム～、わたしとしたことが送《おく》りがなをまちがえとる！
カンジーの日記
本当《ほんとう》は、これが正《ただ》しいのだ。
苦《くる》しい
閉《と》じる
冷《ひ》やす
おお
ぼくは、読《よ》みまちがえてた！

苦
苦《くる》しい
苦《にが》い
閉
閉《と》じる
閉《し》める
冷
冷《ひ》やす
冷《さ》ます
カア…
漢字博士《かんじはかせ》を名《な》のるこのわたしが、はずかしー！
線《せん》のように、漢字《かんじ》の下《した》につけて書《か》くかなを「送《おく》りがな」というのだ。
送《おく》りがなによって、その漢字《かんじ》をどう読《よ》むかがはっきりするのだ！
トホホ
ちなみに、送《おく》りがながつくのは訓読《くんよ》みだけ。
やっぱりカンジーはすっごーい！
そんなまちがいなんて気《き》にすることないわよ！
そ…そーかな。
カンジー、あの～またまちがいが…。
七月二十日《しちがつはつか》ジュリアと……。あれ、「森《も》りで虫《む》しを」じゃないの？
カンジーの日記
ガクッ
「森《もり》」、「虫《むし》」、これは同《おな》じ訓読《くんよ》みでも送《おく》りがながいらないものだ。まちがいではないぞ！
カンジーの
あ、そーか。

送《おく》りがなのつけ方《かた》

1 形《かたち》のかわる部分《ぶぶん》から　①動作《どうさ》を表《あらわ》す言葉《ことば》や②ようすを表《あらわ》す言葉《ことば》は、形《かたち》がかわる部分《ぶぶん》から送《おく》る。

例
① 書
かない
きます
く
けば
こう

② 長
くない
かった
い
ければ

2 形《かたち》のかわる部分《ぶぶん》よりも前《まえ》から

① 「〜しい」で終《お》わる言葉《ことば》は、「し」から送《おく》る。

例
苦《くる》しい
楽《たの》しい
悲《かな》しい

「苦《くる》しくない」のように、形《かたち》が変《か》わるのは、「し」のあとからよ。

② 「〜か(だ)・〜やか(だ)・〜らか(だ)」で終《お》わる言葉《ことば》は、「か・やか・らか」から送《おく》る。

例
静《しず》かだ
*穏《おだ》やかだ
明《あき》らかだ

*の「穏」は、中学校《ちゅうがっこう》で習《なら》う漢字《かんじ》だよ。

③ 読《よ》みにくかったり読《よ》みまちがえたりしやすい言葉《ことば》

例
教《おそ》わる(教《おし》える)
集《あつ》まる(集《あつ》める)
当《あ》たる(当《あ》てる)
群《むら》がる(群《む》れる)

「教る・集る…」だと、(　)の言葉《ことば》と区別《くべつ》できないね。

3 送《おく》りがなをつけない言葉《ことば》　ものの名前《なまえ》や事《こと》がらを表《あらわ》す言葉《ことば》など、形《かたち》のかわらないものは、ふつうは送《おく》りがなをつけない。

例 山《やま》・海《うみ》・星《ほし》・虫《むし》・港《みなと》・鏡《かがみ》・数《かず》・心《こころ》

〈注《ちゅう》〉 読《よ》みあやまりやすい言葉《ことば》や、動作《どうさ》・ようすを表《あらわ》す言葉《ことば》からできたものには、送《おく》りがなをつける。

例
辺《あた》り・便《たよ》り・後《うし》ろ・情《なさ》け
動《うご》き(←動《うご》く)・悲《かな》しみ(←悲《かな》しむ)・長《なが》さ(←長《なが》い)

4 二つの言葉《ことば》が組《く》み合《あ》わさったもの　元《もと》の言葉《ことば》の送《おく》りがなのつけ方《かた》にしたがう。

例
読《よ》み始《はじ》める(←読《よ》む＋始《はじ》める)
心苦《こころぐる》しい　(←心《こころ》＋苦《くる》しい)

● **送《おく》りがなをつけない組《く》み合《あ》わせ言葉《ことば》** ●

例 消印《けしいん》・小包《こづつみ》・試合《しあい》・物置《ものおき》・日付《ひづけ》・割合《わりあい》

ゲームタワー

漢字とあそぼう

高 学年 漢字《かんじ》つり大会《たいかい》

今日《きょう》はつり大会《たいかい》。さて、それぞれ何《なん》びきの魚《さかな》をつることができるかな？４人《にん》のつりざおについている送《おく》りがなに注意《ちゅうい》して考《かんが》えてごらん。

あかり
ラビオーリ
りな
りょう
○る
○まる
○える
○きる
数
困
返
考
定
変
固
広
起

答えは、270ページ

漢字《かんじ》ランド

「漢字家族《かんじかぞく》」「部首家族《ぶしゅかぞく》」ですらすらおぼえよう

キャプテンカンジー！島《しま》がたくさん見《み》えます！
ワーイ
デチュ
青
おもしろーい！漢字《かんじ》の形《かたち》をしている島《しま》よ！
あの島《しま》にはな、「漢字家族《かんじかぞく》」というかわった人《ひと》たちが住《す》んでいるのだ。
カンジカゾクゥ？
着《つ》いたわ！どんなところか楽《たの》しみ～♪
トン
？
ここは「青《あお》」の家族《かぞく》の島《しま》
いらっしゃーい！
わっすごい、全部《ぜんぶ》が青《あお》だ!!

この島《しま》に来《き》たからには、青《あお》だらけの世界《せかい》になれてもらうよ！
さっそく、下《した》の□に合《あ》うへんやつくりを入《い》れてくれ！
わ～！これまた青《あお》ばっかり！

がんばれ～
① 青 れ
② 青 流《りゅう》
③ 青 か
シーン
④ 青 米《まい》
▼米《こめ》をついて、白《しろ》くきれいにすること。
米《こめ》
⑤ 青 け
▼思《おも》いやる心《こころ》。
⑥ 青 こ う
▼お願《ねが》いする。

答《こた》えは、次《つぎ》のとおりだ。⑥の「請」は、中学校《ちゅうがっこう》で習《なら》う漢字《かんじ》だよ。
①晴《は》れ
②清流《せいりゅう》
③静《しず》か
④精米《せいまい》
⑤情《なさ》け
⑥*請《こ》う
これらの漢字《かんじ》は、みんな「青《あお》」の字《じ》がもとになってできたんだよ！
青《あお》という親《おや》から生《う》まれた子《こ》どもたちね。
まさに「青《あお》の家族《かぞく》」だな。
あれ？音太《おんた》くんは？
島《しま》を探検《たんけん》しに行《い》くといってたぞ。
キョロキョロ
いや～。歩《ある》いた歩《ある》いた。おかげでまっ黒《くろ》だよ～。
キャー。
早《はや》く体《からだ》をきれいにしてください！　わたしたち、よごれてることが大《だい》きらいなんです！
え？　なんで？

もともと「青」という字《じ》はですね。
青
▼すみきった青色《あおいろ》のこと。「すんだ」「けがれのない」という意味《いみ》。
〈「青」の成《な》り立《た》ち〉
青《あお》い草《くさ》の芽《め》ばえたようす。
井戸《いど》の中《なか》に清水《しみず》のあるようす。
ゴシゴシ
そんなにボクの顔《かお》きたなかったかな〜。
ホッ
晴 セイ ▼すみきった空《そら》。
静 セイ ▼辺《あた》りがしんとすみわたったようす。
情 ジョウ ▼けがれのない気持《きも》ち。
清 セイ ▼すみきった水《みず》。
精 セイ ▼よごれを取《と》った。
請 セイ ▼けがれのない言葉《ことば》でたのむ。
音読《おんよ》みの中《なか》には、「青」のセイと同《おな》じものが多《おお》いわね！
意味《いみ》も「青」と共通《きょうつう》しているゾ。
そのとおり！同《おな》じ親《おや》から生《う》まれた家族《かぞく》は、みんな共通《きょうつう》の意味《いみ》をもっているのです。
フムフム。
なんか、漢字家族《かんじかぞく》と話《はな》してるとどんどん知識《ちしき》が身《み》につくわね。
次《つぎ》の島《しま》は、どんな家族《かぞく》かしら？
よし、次《つぎ》の島《しま》へゴー！

〈注《ちゅう》〉見出《みだ》しの漢字《かんじ》のカタカナは、音読《おんよ》みをしめしています。

永の家族（ながい）

水《みず》の流《なが》れが細《ほそ》く分《わ》かれて、どこまでもながくのびるようす。

泳 エイ

▼氵（水《みず》）の中《なか》で、ながい間《あいだ》おぼれずにいること。↓およぐ。

●水泳《すいえい》

●平泳《ひらおよ》ぎ

詠 *エイ

▼声《こえ》をながくのばして、詩《し》や歌《うた》をよむこと。

●朗詠《ろうえい》

⺍の家族（とりまく）

かがり火《び》が周《まわ》りをとりまいているようす。

栄 エイ

▼木《き》の全体《ぜんたい》をとりまくように花《はな》がさいていること。↓さかえる。

●栄光《えいこう》

営 エイ

▼たいまつで周《まわ》りをとりかこんだ建物《たてもの》。↓兵隊《へいたい》のすまい。

●兵営《へいえい》

労 ロウ

▼あるだけの火《ひ》をもやすように、力《ちから》をつくすこと。↓はたらく。

●労働《ろうどう》

袁の家族（ゆったり）

体《からだ》をまるくゆったりととりまく、衣《ころも》のこと。

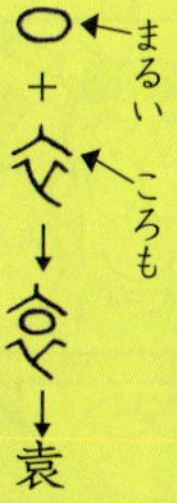
まるい
ころも
袁

遠 エン

▼ゆったりと回《まわ》って、とお回《まわ》りすること。道《みち》のりや時間《じかん》のひらきが大《おお》きいこと。

● 遠足《えんそく》

● 望遠鏡《ぼうえんきょう》

園 エン

▼まるいかこいのあるゆったりとした庭《にわ》。

● 公園《こうえん》

還 *カン

▼まるく回《まわ》って、もとへもどること。

● 返還《へんかん》

優勝

環 *カン

▼まるく、まわりをとりまいた形《かたち》の玉《たま》。

⬇輪《わ》の形《かたち》。

● 環境《かんきょう》

● 動物園《どうぶつえん》

「還《カン》・環《カン》」の「睘」は「罒（目）」と「袁」を組《く》み合《あ》わせた形《かたち》だよ。

音の家族（ふくむ・とじこめる）

口《くち》に何《なに》かをふくんで、ウーとふくみ声《ごえ》を出《だ》すことを表《あらわ》す。ウーという、のどをふるわせて出《で》る音《おと》のこと。

暗 アン

▼中《なか》にとじこめられて、日《ひ》の光《ひかり》がささないようす。

↓くらい。

● 暗室《あんしつ》

● 真《ま》っ暗《くら》

意 イ

▼考《かんが》えたことを心《こころ》の中《なか》にとじこめたまま外《そと》に出《だ》さないこと。

● 注意《ちゅうい》

● 得意《とくい》

億 オク

▼人《ひと》が心《こころ》の中《なか》で考《かんが》えられるもっとも大《おお》きい数《かず》。

● 三億円《さんおくえん》

憶 ＊オク

▼気持《きも》ちを口《くち》に出《だ》さないで、思《おも》いをめぐらすこと。

● 記憶《きおく》

化の家族（かわる）

あるポーズから、ほかのポーズにかわることを表《あらわ》した字《じ》。

花　カ

▼つぼみがふくらむ→はながさく→しおれる→ちる　このように姿《すがた》がかわっていく植物《しょくぶつ》のはなのこと。

● 花粉《かふん》

● 花見《はなみ》

貨　カ

▼いろいろな品物《しなもの》にかえることのできるお金《かね》のこと。

● 金貨《きんか》

夬の家族（えぐりとる）

指《ゆび》を「コ」の字《じ》の形《かたち》に曲《ま》げて、物《もの》にひっかけるようす。⇩えぐりとる。

快　カイ

▼心《こころ》の中《なか》のしこりがすっかりえぐりとられて、さわやかな気分《きぶん》になること。

↓こころよい。

● 快晴《かいせい》

● 快調《かいちょう》

「夬」の元《もと》の形《かたち》は、次《つぎ》のようだったんだ。

決　ケツ

▼水《みず》がていぼうをコの字形《じがた》にえぐりとること。

↓きっぱりと分《わ》ける。きめる。

100点《てん》とるぞ！

● 決意《けつい》

宀の家族（じゃまをする）

上《うえ》からかぶせて、下《した》のものが自由《じゆう》に動《うご》くのをじゃまをすること。

害 ガイ

▼頭《あたま》にかぶせてじゃまをし、成長《せいちょう》や進行《しんこう》をとめること。↓じゃまする。そこなう。

● 害虫《がいちゅう》

● 障害《しょうがい》

割 *カツ

▼刀《かたな》で切《き》って、成長《せいちょう》のじゃまをすること。刀《かたな》で二《ふた》つに切《き》ること。↓わる。

● 分割《ぶんかつ》

憲 ケン

▼目《め》や心《こころ》の自由《じゆう》をじゃまするわく。人間《にんげん》の言動《げんどう》を取《と》りしまるためのわく。↓国《くに》のきまり。

● 憲法《けんぽう》

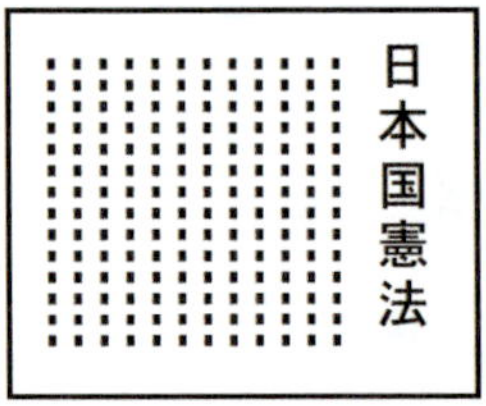
日本国憲法

轄 *カツ

▼車輪《しゃりん》がじくからぬけないように、おさえてとめる道具《どうぐ》。↓ものごとを取《と》りしまる。

● 管轄《かんかつ》（取《と》りしまるはんい）

こっちの管轄《かんかつ》だ！

官 の家族（集《あつ》まる・かこむ）

周《まわ》りをへいでかこんだ家《いえ》に、たくさんの物《もの》や、役人《やくにん》が集《あつ》まったようすを表《あらわ》した字《じ》。

館 カン

▼多《おお》くの役人《やくにん》や客《きゃく》が、食《しょく》たくをかこんで食事《しょくじ》をする建物《たてもの》のこと。

⬇やかた。

●水族館《すいぞくかん》

お魚《さかな》たちの〝やかた〟だね。

●旅館《りょかん》

棺 *カン

▼死体《したい》を取《と》りかこむ形《かたち》につくった木製《もくせい》の箱《はこ》。

⬇ひつぎ。

管 カン

▼竹《たけ》のくだのように、丸《まる》く全体《ぜんたい》を取《と》りかこむこと。

●管楽器《かんがっき》

●試験管《しけんかん》

この家族《かぞく》は、「官」が「カン」の音《おん》を表《あらわ》すのね。

⺍の家族（一《ひと》つにまとめる）

二《ふた》つのものがまじり合《あ》って、一《ひと》つの成果《せいか》をつくり出《だ》す意味《いみ》をもつ。

学 ガク

▼先生《せんせい》が子《こ》どもを教育《きょういく》するための場所《ばしょ》。⇩学校《がっこう》。まなぶ。

●入学式《にゅうがくしき》

入学式

●学童《がくどう》

覚 カク

▼見《み》たり聞《き》いたりしたことが一《ひと》つにまとまって、頭《あたま》に入《はい》ること。⇩おぼえる。

●感覚《かんかく》

う〜ん。しょっぱい！

〈注〉この「⺍」の元《もと》の形《かたち》は、「𦥯」です。

气の家族（蒸気《じょうき》）

息《いき》や蒸気《じょうき》が、乙字形《おつじがた》にくねくねとのぼってくるようす。

気 キ

▼息《いき》・水蒸気《すいじょうき》などのガス状《じょう》の気体《きたい》のこと。

●気温《きおん》

●湯気《ゆげ》

汽 キ

▼水《みず》をねっしたときに出《で》てくる蒸気《じょうき》の気《き》のこと。

●汽笛《きてき》

ボー

竟の家族（さかいめ）

人《ひと》が歌《うた》ったり、楽器《がっき》を演奏《えんそう》したりしたときのひとくぎり。次《つぎ》へうつるさかいめ。

鏡 キョウ

▼銅《どう》をみがいて、明暗《めいあん》のさかいめをはっきりうつし出《だ》すもの。

↓かがみ。

境 キョウ

▼土地《とち》の区切《くぎ》りめ。もののさかいめ。

↓さかい。

●境界《きょうかい》

●鏡台《きょうだい》

●手鏡《てかがみ》

君の家族（まるくまとまる）

人々《ひとびと》に命令《めいれい》して、ものごとを円満《えんまん》にまとめる人《ひと》を表《あらわ》した字《じ》。

群 グン

▼羊《ひつじ》がまるくまとまって、むれをなしていること。

↓むらがる。

●大群《たいぐん》

●群集《ぐんしゅう》

郡 グン

▼城《しろ》を中心《ちゅうしん》に、周《まわ》りを民家《みんか》がまるく取《と》りかこんだ形《かたち》になっている、村《むら》や町《まち》。

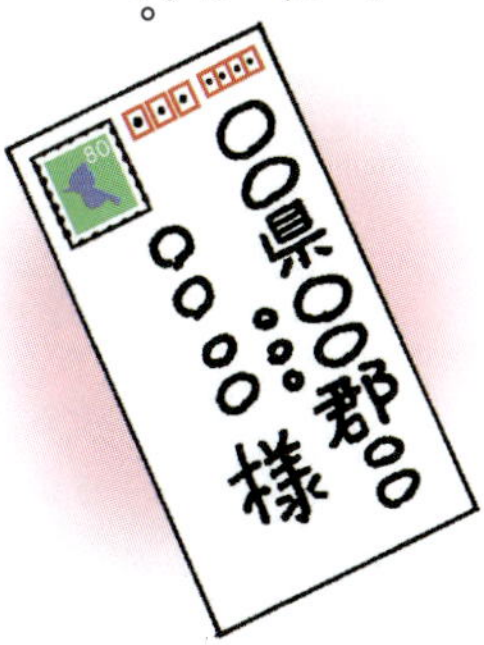
〇〇県〇〇郡〇〇
〇〇〇〇様

ゲームタワー

漢字とあそぼう

低学年

なかま集《あつ》め競争《きょうそう》

漢字《かんじ》のなかま集《あつ》め競争《きょうそう》だよ。とちゅうで、漢字《かんじ》の札《ふだ》を一《いち》まいずつ拾《ひろ》って、六《ろく》まい集《あつ》めなければゴールできないんだ。ゴールまでたどりつけるのは、だれかな。

家族《かぞく》に関係《かんけい》のある漢《かん》字《じ》を集《あつ》めるよ。
りょう
色《いろ》に関係《かんけい》のある漢《かん》字《じ》を集《あつ》めるわ。
りな
生《い》き物《もの》に関係《かんけい》のある漢《かん》字《じ》を集《あつ》めるよ。
ひろと
スタート
米
赤
母
犬

 答えは、270ページ

系の家族（つなぐ）

糸《いと》をつないで、どんどん長《なが》くすること。

係《ケイ》

▼人《ひと》が、何《なに》かをひもでつないで、つながりをもつこと。↓かかわる。うけもつ。

●関係《かんけい》

●飼育係《しいくがかり》

孫《ソン》

▼自分《じぶん》の子《こ》どもとつながりのある、小《ちい》さい子《こ》。↓まご。

●孫《まご》

原の家族（まるい）

岩石《がんせき》の間《あいだ》のまるい穴《あな》から、水《みず》のわき出《で》る泉《いずみ》のこと。流《なが》れのもと。

源《ゲン》

▼まるい穴《あな》があり、水《みず》がわき出《で》るところ。↓みなもと。

●源流《げんりゅう》

願《ガン》

▼まるい頭《あたま》のこと。まるい頭《あたま》は、きまじめのしるしであることから、思《おも》いつめる、一《いっ》心《しん》にもとめる。↓「ねがう」となった。

●願《ねが》い事《ごと》

●願望《がんぼう》

圣の家族（まっすぐ）

上《うえ》のわくから下《した》の工作台《こうさくだい》へ糸《いと》をまっすぐにはったようすをえがいた字《じ》。

径 ケイ

▼二《ふた》つの場所《ばしょ》をまっすぐにつないだ近道《ちかみち》のこと。

半径《はんけい》
直径《ちょっけい》

この家族《かぞく》は、「圣」が「ケイ」の音《おん》を表《あらわ》すのよ。

経 ケイ

▼上下《じょうげ》にまっすぐのびる糸《いと》のこと。たて糸《いと》。

↓たて。

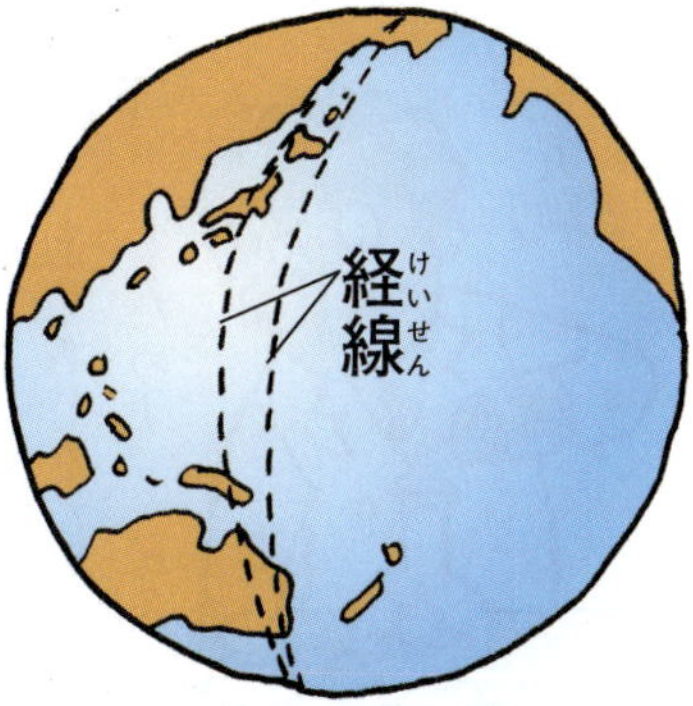
経線《けいせん》

軽 ケイ

▼まっすぐにすいすい走《はし》る戦車《せんしゃ》のこと。身軽《みがる》に動《うご》くようす。

↓かるい。

●軽快《けいかい》
●身軽《みがる》

茎 *ケイ

▼草《くさ》や木《き》の、まっすぐのびたところ。

↓くき。

茎《くき》

㑒の家族（まとめる・そろう）

たくさんのものをひと所《ところ》に集《あつ》めて、きちんとまとめること。

検　ケン

▼木《き》の札《ふだ》を集《あつ》めて、まとめること。わくから外《はず》れないように、きちんと取《と》りしまること。

⬇きちんと調《しら》べる。

●検査《けんさ》

●探検《たんけん》

験　ケン

▼馬《うま》を集《あつ》めて乗《の》りくらべ、よしあしをためすこと。

⬇ためす。ききめ。

●実験《じっけん》

険　ケン

▼山《やま》の頂上《ちょうじょう》が、たくさんのななめの線《せん》を集《あつ》めた三角《さんかく》の形《かたち》にとがっていること。

⬇けわしい。

●危険《きけん》

倹　*ケン

▼人《ひと》の生活《せいかつ》が、よけいな物《もの》をはぶいて、きちんとまとまっていること。

⬇つつましい。

●倹約《けんやく》

剣　*ケン

▼両側《りょうがわ》のはが、先《さき》の方《ほう》で三角《さんかく》にそろっている刀《かたな》のこと。

⬇両刃《りょうば》の刀《かたな》。つるぎ。

黄 の家族(広《ひろ》がる)

油《あぶら》をしみこませ、火《ひ》をつけてとばす、火矢《ひや》の形《かたち》をえがいた字《じ》。ぎらぎらして四方《しほう》に広《ひろ》がる火矢《ひや》の色《いろ》。

横 オウ

▼左右《さゆう》、上下《じょうげ》へと広《ひろ》がる横木《よこぎ》のこと。はみ出《だ》しほうだい。わがまま。

↓よこ。

●横断歩道《おうだんほどう》

広 コウ

▼屋根《やね》の下《した》いっぱいに広《ひろ》がっている、中《なか》のがらんとした広間《ひろま》のこと。

↓ひろい。

●広大《こうだい》

●広場《ひろば》

拡 カク

▼手《て》でわくを広《ひろ》げること。

●拡大《かくだい》

鉱 コウ

▼金属《きんぞく》をふくむ、黄色《きいろ》に光《ひか》る石《いし》のこと。

「広・拡・鉱」の「広」は、もとは「廣」と書《か》いたんだよ。

艮の家族（あとがのこる）

目《め》のまわりに、ナイフでいれずみをすること。いれずみは消《き》えないので、いつまでも、あとがのこる意味《いみ》をもつ。

根 コン

▼一定《いってい》のところに、いつまでものこる植物《しょくぶつ》のね・のこと。↓はじめ。

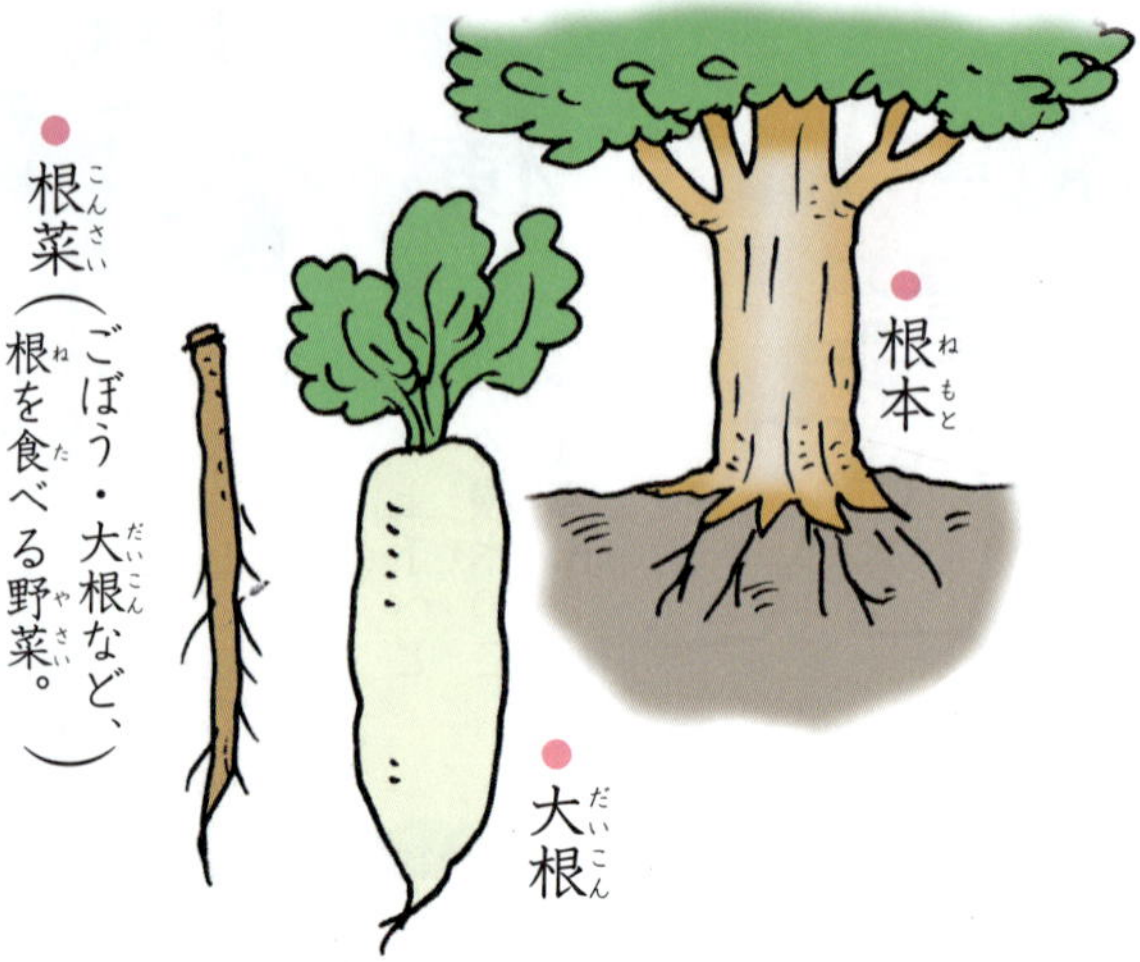

●根本《ねもと》

●大根《だいこん》

●根菜《こんさい》（ごぼう・大根《だいこん》など、根《ね》を食《た》べる野菜《やさい》。）

眼 ガン

▼死《し》んでからもあとがのこる目《め》のあな。↓目《め》。だいじなところ。

●眼下《がんか》

●眼帯《がんたい》

艮
このようにしてできたのよ。

限 ゲン

▼土地《とち》のさかいめに、あとまでのこるようにつけた目《め》じるし。↓さかいめ。かぎり。

●制限《せいげん》

ん？10キロオーバー!?
80

銀 ギン

▼細工《さいく》をした木《き》やせとものなどにはめこんで、いつまでもあとをのこしている金銀《きんぎん》のこと。くさりにくい金属《きんぞく》。

↓ぎん。

●銀河《ぎんが》

「銀河《ぎんが》」のことを、「天《あま》の川《がわ》」ともいうよ。

墾 *コン

▼たがやしたあとがのこるように、力《ちから》をこめてくわで土《つち》をほること。

↓たがやす。

●開墾《かいこん》

懇 *コン

▼いつまでも心《こころ》にのこるように、深《ふか》く念《ねん》をおすこと。真心《まごころ》をこめること。

↓仲《なか》がよい。

●懇談《こんだん》

恨 *コン

▼心《こころ》にのこったきずあとがいつまでも消《き》えないこと。

↓うらむ。

●痛恨《つうこん》のエラー

アッ
残念《ざんねん》!!

「痛恨《つうこん》」は、とても残念《ざんねん》だと思《おも》うことだよ。

𢦏の家族《かぞく》（たち切《き》る・止《と》める）

土 ＋ 戈《はもの》 → 𢦏

オ（＝流《なが》れをたち切《き》る「せき」の形《かたち》がかわったもの）

裁 サイ

▼衣服《いふく》をつくるために、布《ぬの》をたち切《き》ること。

↓たつ。よい悪《わる》いを決《き》める。さばく。

● 裁判《さいばん》

● 裁断《さいだん》

栽 ＊サイ

▼植物《しょくぶつ》のむだな枝《えだ》や葉《は》を切《き》り取《と》って育《そだ》てること。

● 栽培《さいばい》

● 盆栽《ぼんさい》

載 ＊サイ

▼車《くるま》につんだ荷物《にもつ》が落《お》ちないように、板《いた》やなわなどで止《と》めること。

↓車《くるま》や船《ふね》につむ。のせる。

● 積載《せきさい》

采 の家族（つみとる）

手《て》で木《き》の芽《め》をつみとることを表《あらわ》した字《じ》。

採 サイ

▼手《て》の指先《ゆびさき》で木《き》の芽《め》をつみとること。↓手《て》でとる。えらぶ。

●採用《さいよう》

よろしくお願《ねが》いします。

●採集《さいしゅう》

菜 サイ

▼食用《しょくよう》にするためにつみとる草《くさ》のこと。↓やさい。

●菜園《さいえん》

冊 の家族（書物《しょもつ》）

竹札《たけふだ》や木札《きふだ》をひもで横《よこ》につないだ形《かたち》。昔《むかし》はこの札《ふだ》に、ものを書《か》きしるした。

典 テン

▼書物《しょもつ》を平《たい》らにならべることを表《あらわ》す。↓だいじな書物《しょもつ》。手本《てほん》。きそく。

●辞典《じてん》

国語辞典

「典」は、「冊」と「丌」（書物《しょもつ》を広《ひろ》げる台《だい》）を組《く》み合《あ》わせたものよ。

彩 ＊サイ

▼色《いろ》をいろいろえらんでとりあわせること。↓いろどり。

●彩色《さいしょく》

ゲームタワー

漢字とあそぼう

中学年 おばけ漢字《かんじ》の正体《しょうたい》は？

一《ひと》つの漢字《かんじ》でいくつもの読《よ》み方《かた》をもつおばけのような漢字《かんじ》。さて、その正体《しょうたい》とは？

①
?に入《はい》る漢字《かんじ》と手足《てあし》の文字《もじ》を矢印《やじるし》の方向《ほうこう》に組《く》み合《あ》わせて読《よ》んでね。
川
年
地
校
げる
る
ろす
?
②
一
水
学
きる
まれる
える
?
それぞれ読《よ》み方《かた》も答《こた》えてね。

答えは、270ページ

士 の家族（まっすぐ立《た》つ）

棒《ぼう》がまっすぐに立《た》っているようすを表《あらわ》した字《じ》。ひとり立《だ》ちした男《おとこ》の意味《いみ》。

仕 シ

▼主人《しゅじん》のそばにまっすぐ立《た》っている家来《けらい》のこと。↓つかえる。

● 仕事《しごと》

技 ギ

▼手《て》で細《ほそ》いえだをあつかうような、とても細《こま》かい細工《さいく》をするうでまえ。↓わざ。

● 特技《とくぎ》

支 の家族（細《ほそ》いえだ・えだ分《わ》かれする）

手《て》に一本《いっぽん》の枝《えだ》を持《も》ったようすを表《あらわ》した字《じ》。本《もと》から分《わ》かれた、ほそい枝《えだ》のこと。

枝* シ

▼木《き》のみきから分《わ》かれた部分《ぶぶん》。↓えだ。

● 枝葉《えだは》

岐* キ

▼枝《えだ》が分《わ》かれるように細《ほそ》くあちこちに分《わ》かれた山道《やまみち》のこと。↓いくつかに分《わ》かれる。

● 分岐点《ぶんきてん》

史の家族（役目《やくめ》）

記録《きろく》をしるした竹札《たけふだ》をつつに入《い》れて手《て》で持《も》っている役人《やくにん》の姿《すがた》を表《あらわ》した字《じ》。

事 ジ

▼うらないに使《つか》う竹《たけ》の棒《ぼう》をつつに立《た》てているようす。昔《むかし》の中国《ちゅうごく》では、この役目《やくめ》はとてもたいせつだった。↓仕事《しごと》。

右《みぎ》が「史」、左《ひだり》が「事」の成《な》り立《た》ちよ。

使 シ

▼決《き》まった仕事《しごと》をする人《ひと》。人《ひと》に仕事《しごと》をさせること。↓つかう。

●使用《しよう》

W.C

吏* リ

▼それぞれの役目《やくめ》をきちんとはたす役人《やくにん》。

昔《むかし》は、公務員《こういん》のことを「官吏《かんり》」といったんだ。

田の家族（頭《あたま》・小《ちい》さい）

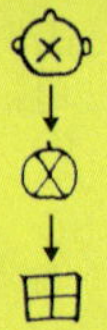

｛幼児《ようじ》の頭《あたま》と泉門《せんもん》という細《ほそ》いわれめを表《あらわ》した字《じ》。

思 シ

▼頭《あたま》と心《こころ》でするはたらき。考《かんが》える。↓おもう。

●思案《しあん》

どうしようかなあ。
昔《むかし》の人《ひと》は、心臓《しんぞう》と泉門《せんもん》が動《うご》いていることが、人《ひと》として生《い》き、ものをおもうしるしだと考《かんが》えていたのよ。

気《き》づかれないように……。

細 サイ

▼いとのように、ほそくて小《ちい》さいこと。↓ほそい。こまかい。

●細心《さいしん》

勺の家族（一部分《いちぶぶん》だけめだつ）

ひしゃくで、液体《えきたい》の一部《いちぶ》をくんだようすをえがいた字《じ》。一部分《いちぶぶん》をとくにとり出《だ》す。

的 テキ

▼一部分《いちぶぶん》だけ取《と》り上《あ》げて、白《しろ》くはっきりめだたせること。↓めだつようにしたまと。

●的中《てきちゅう》

約 ヤク

▼糸《いと》やひもをむすんで、めだつようにした目《め》じるし。そのむすびめを「やくそく」のしるしとした。また、小《ちい》さくまとめること。↓ちぢめる。

●約束《やくそく》

また会おうね。

首の家族（頭《あたま》）

かみの毛《け》のはえた頭全体《あたまぜんたい》をえがいた字《じ》。胴体《どうたい》から上《うえ》へぬけ出《で》た、頭《あたま》までの部分《ぶぶん》。

道 ドウ

▼頭《あたま》を一定《いってい》の方向《ほうこう》に向《む》けて進《すす》んでいくこと。↓一定《いってい》の方向《ほうこう》にのびているみち。

●道路《どうろ》

●坂道《さかみち》

導 ドウ

▼一定《いってい》の方向《ほうこう》へ向《む》けて、手《て》で引《ひ》っぱっていくこと。↓みちびく。

●先導《せんどう》

こっちだよ。

尺の家族（一《ひと》つ一《ひと》つならべる）

人《ひと》が手幅《てはば》で長《なが》さをはかるようす。そのとき、尺《しゃく》とり虫《むし》のように一《ひと》つ一《ひと》つ進《すす》んでいくことから、間《あいだ》をあけて一《ひと》つ一《ひと》つならぶ意味《いみ》をもつ。

駅 エキ

▼一定《いってい》の間《あいだ》をあけて一《ひと》つ一《ひと》つおかれた、馬《うま》の乗《の》りつぎ場《ば》。

● 駅前《えきまえ》

〇〇駅

このような場所《ばしょ》を「宿場《しゅくば》」といったんだ。今《いま》の「駅《えき》」のようなところだね。

訳 ヤク

▼外国語《がいこくご》などを、一《ひと》つ一《ひと》つわかりやすいことばにおきかえてならべること。

↓やくす。

● 通訳《つうやく》

ハロー
Hello!!
こんにちは。

釈 *シャク

▼ひとかたまりになっているものをほぐし、一《ひと》つ一《ひと》つならべること。

↓ときほぐす。

● 解釈《かいしゃく》

わかった!
日本のほうりつ
法律

択 *タク

▼間《あいだ》をあけて一《ひと》つ一《ひと》つならべたものの中《なか》から、これだと思《おも》うものを手《て》でえらび出《だ》すこと。

↓えらぶ。

● 選択《せんたく》

これにするわ。

沢 *タク

▼草地《くさち》と水《みず》たまりが一《ひと》つ一《ひと》つたがいちがいにつづいている場所《ばしょ》。

↓しめった土地《とち》。さわ。

● 沢《さわ》

主の家族（一《ひと》つ所《ところ》にとどまる）

ろうそく立《た》ての上《うえ》で、じっともえている火《ひ》をえがいた字《じ》。⇩ひと所《ところ》にじっと立《た》っている。

住 ジュウ

▼人《ひと》が、一《ひと》つの所《ところ》にじっと止《と》まっていること。↓すむ。

注 チュウ

▼一《ひと》つの所《ところ》に水《みず》の柱《はしら》が立《た》っているように、水《みず》を上《うえ》からそそぐこと。↓そそぐ。

柱 チュウ

▼一《ひと》つの所《ところ》にじっと立《た》っている木《き》。↓はしら。

駐 *チュウ

▼馬《うま》が一《ひと》つの所《ところ》にじっと止《と》まっていること。↓とどまる。

者の家族（一《いっ》か所《しょ》に集《あつ》める・集《あつ》まる）

火《ひ》のもえるようすから、火《ひ》の力《ちから》が集《あつ》まることを表《あらわ》す。⇩集中《しゅうちゅう》する。集《あつ》まる。

煮 ＊シャ

▼火《ひ》の力《ちから》を集《あつ》めてにたきすること。
⬇にる。

●煮物《にもの》

いいにおい

「煮」のもとの字《じ》は「者」よ。「者」が、人《ひと》やものをさす意味《いみ》で使《つか》われるようになったので、「者」に灬の形《かたち》をくわえたのよ。

都 ト

▼人々《ひとびと》が集《あつ》まっている大《おお》きな町《まち》のこと。
⬇みやこ。

●京《きょう》の都《みやこ》

●都会《とかい》

諸 ショ

▼一《ひと》つの所《ところ》に、いろいろなものが集《あつ》まること。さまざまの。
⬇たくさんある。

●諸国《しょこく》の人々《ひとびと》。

署 ショ

▼あみの目《め》のように、一《ひと》つ一《ひと》つ役目《やくめ》を分《わ》け、その役目《やくめ》ごとに人々《ひとびと》が集《あつ》まって仕事《しごと》をするところ。↓役所《やくしょ》。

●消防署《しょうぼうしょ》

●警察署《けいさつしょ》

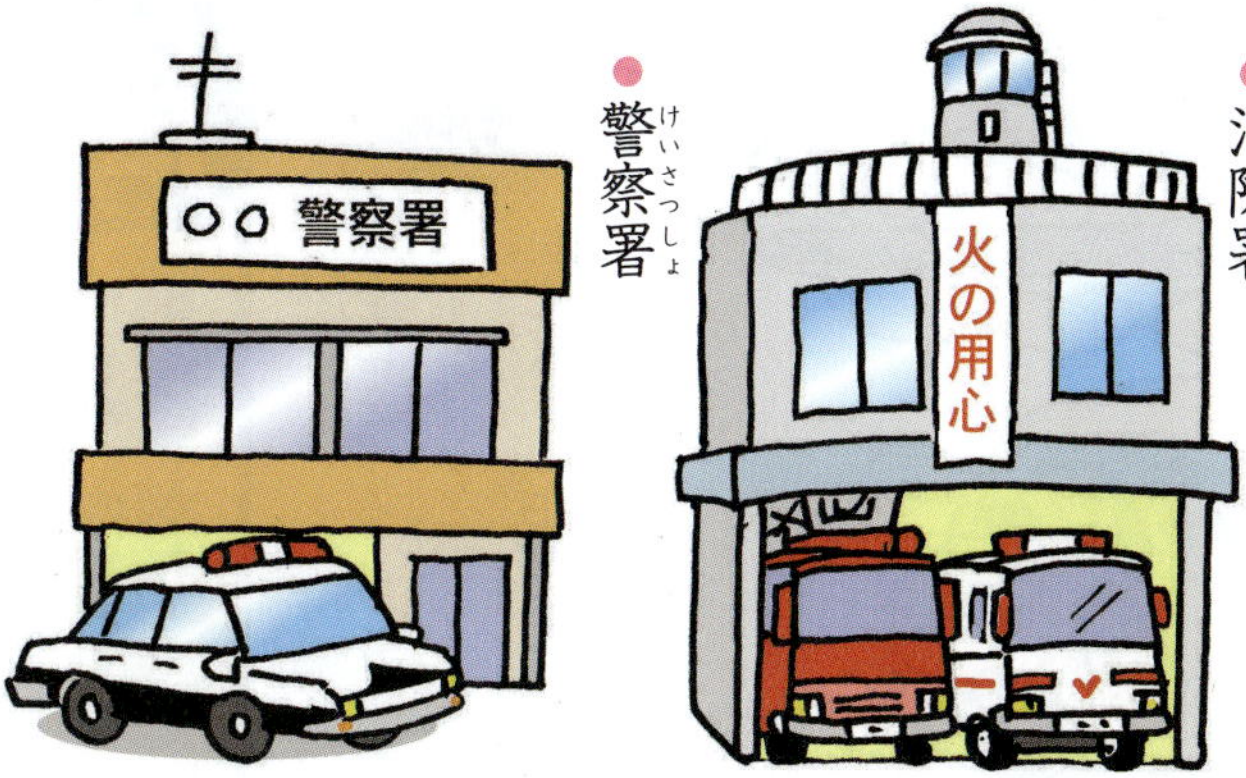

暑 ショ

▼日《ひ》の光《ひかり》が集中《しゅうちゅう》すること。↓あつい。

●暑中見《しょちゅうみ》まい

●むし暑《あつ》い

著 チョ

▼草《くさ》が一《いっ》か所《しょ》にたくさん集《あつ》まってはえていることから、ほかよりめだつことを表《あらわ》す。↓いちじるしい。

●著者《ちょしゃ》

●著書《ちょしょ》

緒 *ショ

▼糸《いと》まきに糸《いと》がたくさん集《あつ》まったあげく、多《おお》すぎてはみ出《だ》した糸《いと》のはしのこと。↓いとぐち。はじめ。

●緒戦《しょせん》［試合《しあい》などが始《はじ》まったばかりのころの戦《たたか》い。］

周の家族（すみずみまでゆきわたる）

作物《さくもつ》が、四角《しかく》いくぎりの中《なか》のすべてに、まんべんなくゆきわたることを表《あらわ》す。あるはんいの中《なか》が、びっしりとうずまること。

週 シュウ

▼全体《ぜんたい》をぐるりとひと回《まわ》りする。ひと回《まわ》りする期間《きかん》。とくに、日曜《にちよう》から土曜《どよう》までの七日間《なのかかん》。↓一週間《いっしゅうかん》。

● 週末《しゅうまつ》

レッツゴー!

調 チョウ

▼言葉《ことば》や行《おこな》いを、まんべんなくゆきわたらせること。↓ととのえる。しらべる。

● 調査《ちょうさ》

彫 *チョウ

▼ものの表面《ひょうめん》に、すみずみまでもようをほりつけること。↓ほる。きざむ。

● 調和《ちょうわ》

みごとな調和《ちょうわ》だ!
やきそば
チャーハン
そばめし

● 彫刻《ちょうこく》

ふ〜ん
さけび

ゲームタワー

漢字とあそぼう

高学年

なかま外《はず》れはどれ？

①～③の漢字《かんじ》の中《なか》には、それぞれ一《ひと》つずつなかま外《はず》れの漢字《かんじ》があるんだ。その漢字《かんじ》を答《こた》えてね。

くだもの店
フルーツ
①
圧 坂 城 寺 型
②
行 降 吸 従 沿
③
勇 友 有 夕 遊

〈ヒント〉
①部首《ぶしゅ》に注目《ちゅうもく》！
②どんな送《おく》りがながつく？
③漢字《かんじ》には音訓《おんくん》の二種類《にしゅるい》があるよ。

 答えは、270ページ

申 の家族（長《なが》くのびる）

いなずまののびる姿《すがた》をえがいた字《じ》。のびる、のばすなどの意味《いみ》をもつ。長《なが》く引《ひ》きのばして話《はな》すこと。⇩もうす。もうしのべる。

神 シン

▼まっすぐのびるいなずまのように、ふしぎな自《し》然《ぜん》の力《ちから》を、人々《ひとびと》がまつるもの。↓かみ。目《め》に見《み》えない心《こころ》のはたらき。

「電《デン》」の「电」は、「申」の形《かたち》がかわったものだよ。

電 デン

▼天《てん》と地《ち》の間《あいだ》にさっと長《なが》くのびるいなずま。いなびかり。↓電気《でんき》。

かしこみかしこみ

● 神社《じんじゃ》

● 神主《かんぬし》

伸 *シン

▼「申」の代《か》わりに「のびる」の意味《いみ》を表《あらわ》すようになった字《じ》。

● 伸長《しんちょう》

紳 *シン

▼体《からだ》をまっすぐにのばすために、こしにまくひもや帯《おび》のこと。その帯《おび》は位《くらい》の高《たか》い役人《やくにん》がしていたので、知識《ちしき》や地位《ちい》のある人《ひと》（紳士《しんし》）の意《い》味《み》になった。

バッチリ！

● 紳士服《しんしふく》

「申」は、のちに「もうす・もうしのべる」の意味《いみ》で使《つか》われるようになったんだよ。

正の家族（まっすぐ・正《ただ》しい）

足《あし》が、目標《もくひょう》とする「一」の線《せん》を目《め》ざしてまっすぐに進《すす》むようす。

政 セイ

▼まっすぐにととのえること。

↓社会《しゃかい》を正《ただ》しくととのえる。まつりごと。

●政治《せいじ》

整 セイ

▼きちんとひきしめて、正《ただ》すこと。

↓ととのえる。

●整列《せいれつ》

征* セイ

▼まっすぐに進《すす》んでいくこと。

↓行《い》く。

●征服《せいふく》

世界《せかい》はわしのもの！

生の家族（うまれる・いきている）

地上《ちじょう》に、三《み》つ葉《ば》の芽《め》が出《で》たようすを表《あらわ》した字《じ》。いきいきとして、はえてくる意味《いみ》。

性 セイ

▼うまれたときのままの心《こころ》。

↓うまれつき。

●性質《せいしつ》

明るいね。

姓* セイ

▼うまれた家系《かけい》を表《あらわ》す字《じ》。昔《むかし》の中国《ちゅうごく》では、代々《だいだい》母《はは》親《おや》の祖先《そせん》の名字《みょうじ》をつけたことによる。

●姓名《せいめい》

木村あきら

牲* セイ

▼いきたまま神《しん》前《ぜん》にそなえる牛《うし》のこと。

↓いけにえ。

●犠牲《ぎせい》バント

バントだ

曽の家族(上《うえ》へ上《うえ》へとかさねる)

こんろの上《うえ》にせいろ(むすための道具《どうぐ》)をかさねて穀物《こくもつ》をふかし、湯気《ゆげ》が出《で》ているようすを表《あらわ》す。何段《なんだん》にもかさなる意味《いみ》をもつ。

層 ソウ

▼上《うえ》へ上《うえ》へと屋根《やね》(尸)がかさなっていること。↓つみかさなる。かさなり。

●高層《こうそう》ビル

この家《か》族《ぞく》の字《じ》の音読《おんよ》みは、「ソウ」か「ゾウ」だよ。

増 ゾウ

▼土《つち》を上《うえ》へ上《うえ》へとつみかさねること。つんでふやす。↓ふえる。ます。

●増水《ぞうすい》

憎 *ゾウ

▼心《こころ》(忄)の中《なか》に、いやな気持《きも》ちがだんだんふえていくこと。↓にくむ。

●憎悪《ぞうお》

食《た》べちゃった。

贈 *ゾウ

▼相手《あいて》にお金《かね》やものをあげて、相手《あいて》の持《も》ち物《もの》の上《うえ》にかさねること。↓おくる。

●贈《おく》り物《もの》

まあ、ありがとう。
ファンです。

𡗗の家族(両手《りょうて》でさし出《だ》す)

品物《しなもの》を両手《りょうて》でささげ持《も》つようすを表《あらわ》す。
⇩ささげる。

奏 ソウ

▼ものの形《かたち》をととのえて、両手《りょうて》で神前《しんぜん》にさし出《だ》す。↓音楽《おんがく》をかなでる。

● 演奏《えんそう》

棒 ボウ

▼両手《りょうて》でささげ持《も》つ木《き》。↓ぼう。

● 鉄棒《てつぼう》

奉 *ホウ

▼ものを両手《りょうて》でささげ持《も》つ。↓ささげる。

● 奉納《ほうのう》

今年も豊作ありがとう

則の家族(そばにくっつく)

スープや肉《にく》の入《はい》った入《い》れ物《もの》に、ナイフをそえたようす。そばにくっついてはなれない意味《いみ》。

側 ソク

▼そば。かたよる。

● 側近《そっきん》

「則《そく》」が、のちに規則《きそく》・法則《ほうそく》などの意味《いみ》を表《あらわ》すようになったので、「亻」をつけて「そば」の意味《いみ》にしたのよ。

測 ソク

▼ものさしをそばにくっつけて、水《みず》の深《ふか》さをしらべること。↓はかる。

● 測定《そくてい》

新記録《しんきろく》かも。

代 の家族（かわりにする）

「弋」は、けものをとるための道具《どうぐ》をえがいた形《かたち》。道具《どうぐ》は、人《ひと》（亻）にかわって仕事《しごと》をしてくれる。

貸 *タイ

▼お金《かね》がなくてこまったとき、ほかの人《ひと》がかわりに用立《ようだ》てること。

↓かす。

●貸《か》し借《か》り

おもしろい本《ほん》よ。読《よ》んでみて。
ありがとう。これもいいよ。

袋 *タイ

▼かわるがわる、いろいろな品物《しなもの》を入《い》れては運《はこ》ぶ、布《ぬの》でできた入《い》れ物《もの》。

↓ふくろ。

●ビニール袋《ぶくろ》

ゴミ

●手袋《てぶくろ》

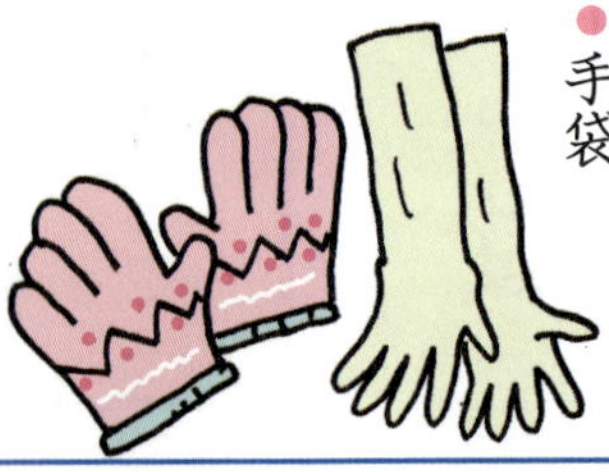

中 の家族（なかみ・まんなか）

旗《はた》ざおをわくのまん中《なか》につき通《とお》したようすをえがいた字《じ》。

仲 *チュウ

▼人《ひと》と人《ひと》との間《あいだ》で世話《せわ》をやく人《ひと》。三《さん》人兄弟《にんきょうだい》のまんなかの子。

●仲裁《ちゅうさい》

まあ落《お》ち着《つ》いて。

忠 チュウ

▼欠《か》けたところのない心《こころ》。

↓まごころ。

●忠告《ちゅうこく》

ウ〜
あの犬《いぬ》には気《き》をつけたほうが…。

衷 *チュウ

▼衣《ころも》でつつんだなかみ。

「折衷《せっちゅう》」は、それぞれのよいところをとって、新《あたら》しくつくり出《だ》すことよ。

半の家族(二《ふた》つに分《わ》ける)

左右《さゆう》二《ふた》つに分《わ》けたようすを示《しめ》した字《じ》。

半 ハン

▼何《なに》かを二《ふた》つに分《わ》けること。二《ふた》つに分《わ》けたうちの一《ひと》つ。↓はんぶん。

●半額《はんがく》

判 ハン

▼刀《かたな》(刂)で二《ふた》つに分《わ》けること。のちに、ものごとのよしあしをはっきりさせる意味《いみ》になった。↓見分《みわ》ける。区別《くべつ》する。

●判定《はんてい》

伴 *ハン

▼二《ふた》つに分《わ》けたうちの片方《かたほう》。↓つれあい。あいぼう。

畔 *ハン

▼田《た》んぼを分《わ》けるさかいめのこと。↓あぜ(田《た》と田《た》の間《あいだ》に土《つち》をもり上《あ》げてつくった境《さかい》)。

●同伴《どうはん》

反 の家族（そりかえる・もとへもどる）

布《ぬの》またはうすい板《いた》を、手《て》でおしてそらせたようす。そった物《もの》はもとにはねかえる。

坂* ハン

▼そりかえった土地《とち》のこと。

↓さかみち。

上《のぼ》り坂《ざか》
かたむきが急《きゅう》な坂《さか》のことを「急《きゅう》坂《はん》」というよ。

板 ハン

▼そりかえるようにした木《き》のいた。↓いた。

おいしい
ケーキ
看板《かんばん》
修理《しゅうり》しよう。
床板《ゆかいた》

飯 ハン

▼たいたごはんをかわかしてかたくした玄米《げんまい》のめし。↓ごはん。

夕飯《ゆうはん》
おいしいね。

「返」以外《いがい》はどれも、「反」が「ハン」の音《おん》を表《あらわ》すよ。

版《ハン》

▼うすくけずってそりかえるようにした木《き》のきれはし。

↓木《き》のふだ。

● 版画《はんが》

あけましておめでとう

「片」が、木《き》のきれはしを表《あらわ》すんだよ。

返《ヘン》

▼来《き》た道《みち》をもとへもどること。

↓帰《かえ》る。もどる。

● 返事《へんじ》

おかわりしたい人《ひと》は？
ハイ!!

● 返品《へんぴん》

キズよ。返品《へんぴん》するわ！

販*《ハン》

▼行《い》ったりもどったりして商売《しょうばい》をすること。行商《ぎょうしょう》。

おいしかったら買《か》ってネ。

● 販売《はんばい》

高学年 体《からだ》の漢字《かんじ》探検《たんけん》

人体《じんたい》に関係《かんけい》のある漢字《かんじ》を集《あつ》めてみたよ。

○にあてはまる漢字《かんじ》を書《か》こう。

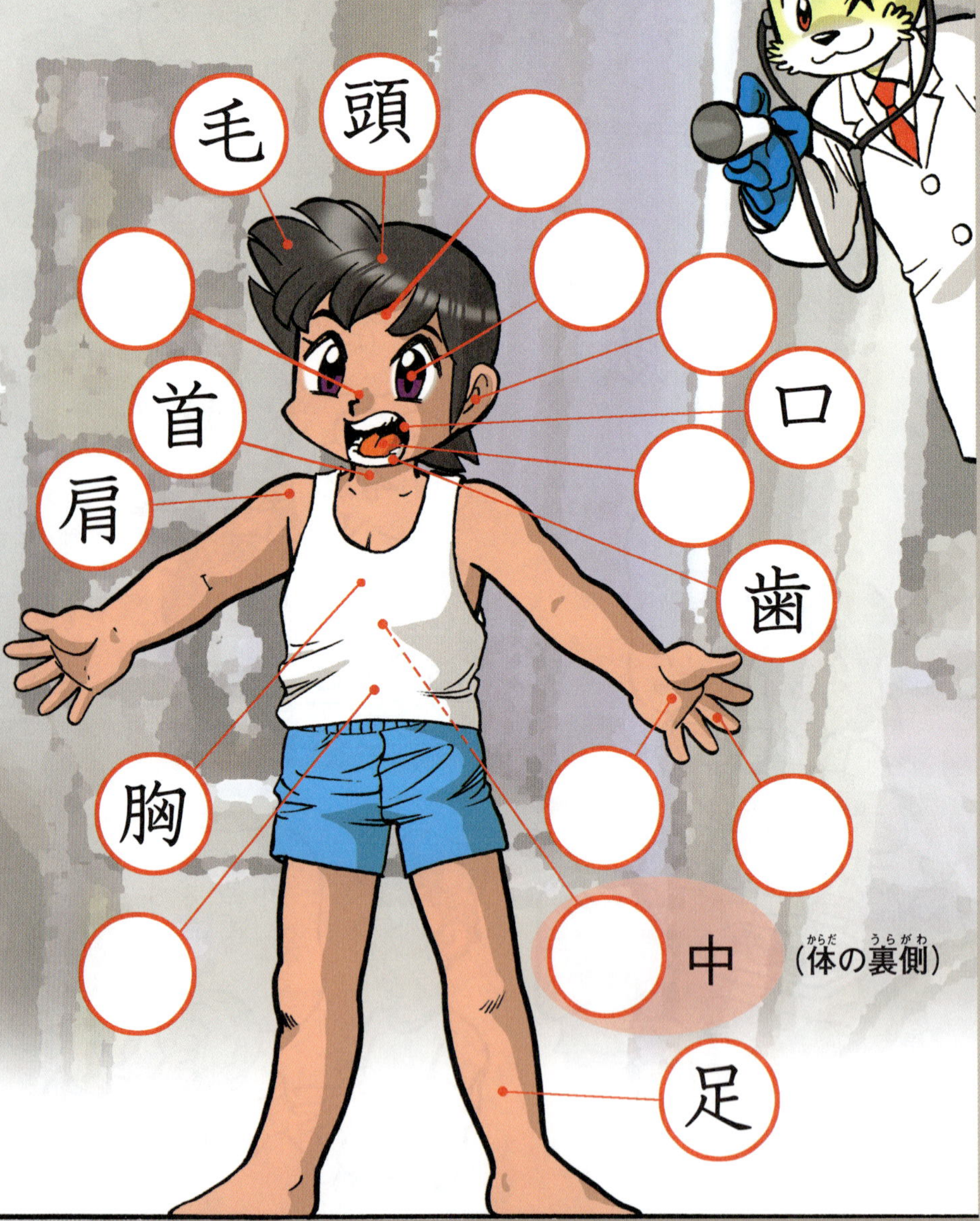

ゲームタワー 漢字とあそぼう

肉
心
血
人体《じんたい》に関《かん》する漢字《かんじ》には、「月《にくづき》」がつく場《ば》合《あい》が多《おお》いよ。

 答えは、270ページ

非の家族（左右《さゆう》に分《わ》かれる）

羽《はね》がたがいに背中《せなか》を向《む》けているようすをえがいた字《じ》。左右《さゆう》にはらいのけてことわる意味《いみ》を表《あらわ》す。

悲 ヒ

▼心《こころ》が二《ふた》つに分《わ》かれてしまうような切《せつ》ない気持《きも》ち。⬇かなしい。

● 悲運《ひうん》

ギャーッ

● 悲鳴《ひめい》

俳 ハイ

▼右《みぎ》と左《ひだり》に分《わ》かれて、かけ合《あ》いの芸《げい》をする人《ひと》のこと。⬇役者《やくしゃ》。

● 俳優《はいゆう》

排 *ハイ

▼左右《さゆう》におしひらくこと。⬇じゃまなものをおしのける。おし出《だ》す。

● 排水《はいすい》

これが元《もと》の形《かたち》だよ。鳥《とり》の羽《はね》の形《かたち》をえがいているんだ。

付の家族(くっつく)

手《て》をぴたりと他人《たにん》のからだにくっつけること。

府 フ

▼ものをびっしりとくっつけて入《い》れる倉《くら》のこと。

●首府《しゅふ》

東京《とうきょう》
「首府《しゅふ》」は、「首都《しゅと》」と同《おな》じ意味《いみ》よ。

符* フ

▼まん中《なか》からわった二《ふた》きれがぴったりくっつく竹《たけ》のわりふ。

●符合《ふごう》

「符合《ふごう》」は、「わりふ」がぴったり合《あ》うという意味《いみ》よ。

腐* フ

↓くさる。

▼倉《くら》にびっしりと入《い》れた肉《にく》の形《かたち》がくずれ、べたべたくっついたようすを表《あらわ》す。

●腐敗《ふはい》

えー。もう腐《くさ》っちゃった……。

附* フ

▼「阝(こざとへん)」をくっつけたもの。のちに「付」と同《おな》じ意味《いみ》に使《つか》われるようになった。

この「附《ふ》」は、「附属小学校《ふぞくしょうがっこう》」のように使《つか》うよ。

分の家族（わける・ひらく）

「八（左右《さゆう》にわける）十刀」で、刀《かたな》で二《ふた》つに切《き》りわけること。左右《さゆう》にひらく意味《いみ》をもつ。

粉 フン

▼米《こめ》をくだいてつくる、小《ちい》さなつぶつぶのこと。

↓こな。

●粉末《ふんまつ》

●粉雪《こなゆき》

紛 *フン

▼糸《いと》くずみたいな小《ちい》さいものがばらばらに分《わ》かれてちること。

↓まぎれる。

●紛失《ふんしつ》

盆 *ボン

▼大《おお》きくひらいた皿《さら》のこと。大皿《おおざら》。

●盆地《ぼんち》

貧 *ヒン

▼お金《かね》や財産《ざいさん》がちりぢりに分《わ》かれて、手《て》もとになくなること。

↓まずしい。

●貧困《ひんこん》

頒 *ハン

▼頭《あたま》（頁）の数《かず》を見《み》て、みんなにわたるように分《わ》けること。

●頒布《はんぷ》

复の家族（かさなる）

重《かさ》なってふくれることと夂（＝足《あし》）とを合《あ》わせて、来《き》た道《みち》をもう一度《いちど》歩《ある》いてもどること。

復 フク

▼同《おな》じ道《みち》を何度《なんど》も行《い》き来《き》すること。行《い》き帰《かえ》り。

●往復《おうふく》

●復習《ふくしゅう》

複 フク

▼表《おもて》と裏《うら》と二重《にじゅう》にかさなった衣《ころも》（衤）のこと。
↓かさねる。

●複数《ふくすう》

腹 フク

▼腸《ちょう》が何重《なんじゅう》にもかさなってふくれたはらのこと。
↓おなか。心《こころ》の中《なか》。

●満腹《まんぷく》

覆 *フク

▼上《うえ》からかぶさって、下《した》のものの上《うえ》にかさなる。
↓おおう。

●覆面《ふくめん》

履 *リ

▼人《ひと》が、同《おな》じ道《みち》を何度《なんど》も行《い》き来《き》して、ふみ歩《ある》くこと。
↓おこなう。

●履歴書《りれきしょ》

莫 の家族（ない・かくす）

草《くさ》むらに、日《ひ》がかくれるようすを表《あらわ》した字《じ》。

幕《マク》

▼ものをかくして見《み》えなくするために使《つか》うおおいの布《ぬの》。

↓まく。

● 暗幕《あんまく》

墓《ボ》

▼死者《ししゃ》をかくして、見《み》えなくするためにもる土《つち》。

↓はか。

● 墓参《はかまい》り

● 墓地《ぼち》

募《ボ》*

▼ないものをあるようにしようと努力《どりょく》すること。

↓手《て》に入《い》れようとがんばること。つのる。

● 募集《ぼしゅう》

● 募金《ぼきん》

慕 ＊ボ

▼身近《みぢか》にないものをえたいともとめる心《こころ》。

↓したう。

●思慕《しぼ》

暮 ＊ボ

▼「莫」が「ない」の意味《いみ》になったので、「日《ひ》」をつけて、「莫」のもとの意味《いみ》の「日《ひ》がかくれる」を表《あらわ》したもの。

↓くれる。

●日暮《ひぐ》れ

模 モ

▼上《うえ》からねん土《ど》をかぶせ、手《て》でなでこすりながら、それまでなかった形《かたち》を作《つく》る木《き》のわくのこと。

↓かた。手本《てほん》。

●模範《もはん》

●模型《もけい》

膜 ＊マク

▼体《からだ》の中《なか》の器官《きかん》をおおいかくし、見《み》えなくしているうすいかわのこと。

●網膜《もうまく》（目玉《めだま》の内側《うちがわ》のおくにある、うすいまく。）

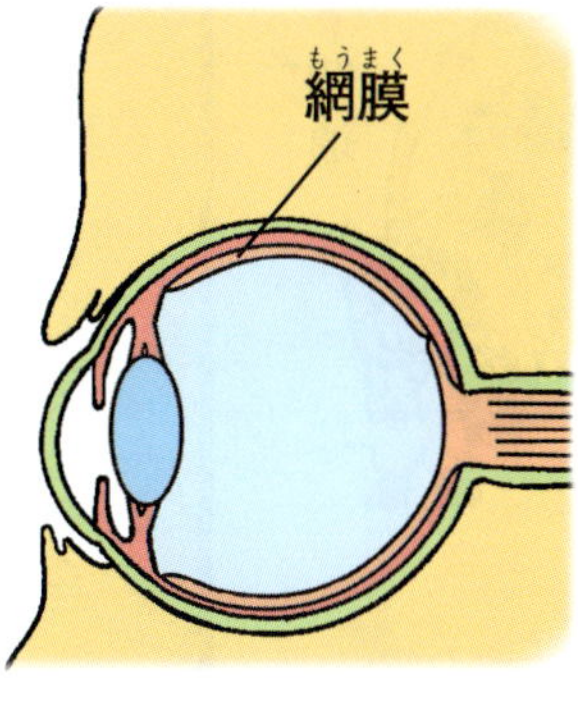

未の家族（まだ…ない・細《こま》か）

木《き》の、まだのびきらない部分《ぶぶん》をえがいた字《じ》。「まだ…していない」の意味《いみ》をあらわす。

味 ミ

▼口《くち》で細《こま》かいところまであじわうこと。↓あじ。あじわう。

●味見《あじみ》

妹 ＊マイ

▼まだ十分《じゅうぶん》に成長《せいちょう》していない女《おんな》の人《ひと》。女《おんな》のきょうだいのうちのいもうと。

●姉妹《しまい》

踊 ＊ヨウ

▼人《ひと》が、足《あし》でトンと地面《じめん》をついてとび上《あ》がること。↓おどる。

●盆踊《ぼんおど》り

甬の家族（とりまく）

板《いた》に、棒《ぼう》で穴《あな》をあけること。つらぬきとおすという意味《いみ》。

通 ツウ

▼とちゅうでつかえずにつらぬきとおすこと。↓とおる。つきぬける。

●開通《かいつう》

痛 ツウ

▼体《からだ》をつきぬけるようないたみのこと。↓いたむ。

●頭痛《ずつう》

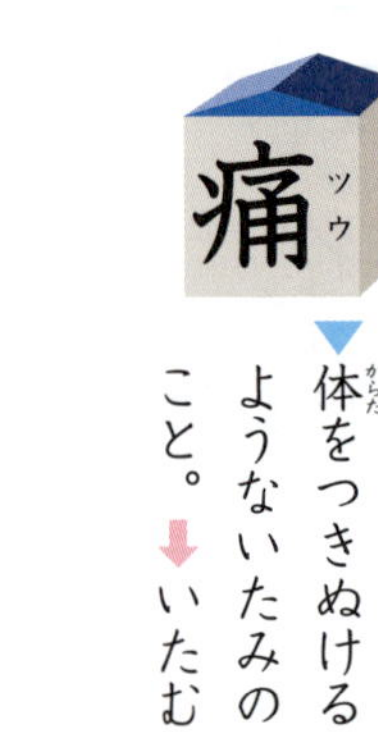

勇 ユウ

▼力《ちから》があふれ、足《あし》で地面《じめん》をトンとついてふるい立《た》つこと。↓いさましい。

●勇気《ゆうき》

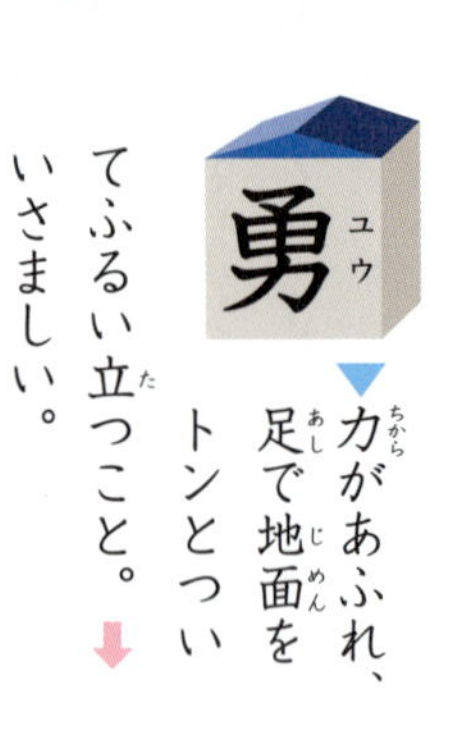

〈注〉「勇」の「甬」は、「甬」の形《かたち》が変化《へんか》したもの。

昜の家族（明《あか》るい・高《たか》い）

太陽《たいよう》が美《うつく》しいいろどりで高《たか》くのぼるようす。明《あか》るい、高《たか》くあがるなどの意味《いみ》をもつ。

陽 ヨウ

▼日《ひ》のあたる明《あか》るいおかのこと。太陽《たいよう》。

●陽光《ようこう》

揚 *ヨウ

▼太陽《たいよう》がのぼるように、手《て》で勢《いきお》いよく高《たか》くあげること。

若葉小

●掲揚《けいよう》

場 ジョウ

▼日《ひ》のあたる高台《たかだい》の広《ひろ》く平《たい》らな土地《とち》。

⇩ばしょ。

●競技場《きょうぎじょう》

湯 トウ

▼勢《いきお》いよくゆげが立《た》っているゆのこと。

●熱湯《ねっとう》

腸 チョウ

▼長《なが》くのびたはらわたのこと。

●胃腸薬《いちょうやく》

×易
○昜
形《かたち》をしっかり
区別《くべつ》しよう!!

里の家族（すじめ・すじめもよう）

区切《くぎ》りのため、すじめをつけて整理《せいり》された、畑《はたけ》や居住地《きょじゅうち》のこと。

理 リ

▼宝石《ほうせき》の表面《ひょうめん》に見《み》られるすじめのこと。⇩すじめ。すじみち。

●理由《りゆう》

ちこくの理由《りゆう》は?

裏 *リ

▼すじめもようのある布《ぬの》。それが衣服《いふく》のうら地《じ》に使《つか》われたために「うら」の意味《いみ》になった。

●裏表《うらおもて》

問題

厘 *リン

▼すじめをつけ、小《ちい》さく区切《くぎ》って整理《せいり》すること。⇩小《ちい》さい区切《くぎ》り。

昔《むかし》のお金《かね》の単位《たんい》で、「厘《りん》」は「円《えん》」の千分《せんぶん》の一《いち》だったのよ。

侖の家族（順序《じゅんじょ》よくきちんとしている）

字《じ》を書《か》いた短《たん》ざくを、順序《じゅんじょ》がくるわないようにきちんとまとめること。

論 ロン

▼言葉《ことば》をきちんと整理《せいり》して、ならべること。すじみち立《だ》てて話《はな》すこと。

●議論《ぎろん》

輪 リン

▼じくのまわりに、棒《ぼう》がきちんとならんでいる車《くるま》のわ。

●車輪《しゃりん》

倫 *リン

▼きちんととのった人《にん》間《げん》の間《あいだ》がら。

「倫理《りんり》」は、人《ひと》として行《おこな》うべき道《みち》、という意味《いみ》さ。

ゲームタワー

漢字とあそぼう

低学年 ジャングル探検《たんけん》

ジャングルを探検《たんけん》していたら、めずらしい動物《どうぶつ》に出会《であ》ったよ。いったいどんな動物《どうぶつ》かな。「田《た》」の字《じ》の正《ただ》しい書《か》き順《じゅん》をたどりながら、岩《いわ》に書《か》かれている文字《もじ》を読《よ》むとわかるよ。

漢字家族《かんじかぞく》の島《しま》めぐり、楽《たの》しかったなー。

キ
いろんな家族《かぞく》がいたわね。

ハハハ
漢字《かんじ》にも親《おや》と子《こ》があるということが、よくわかっただろう？

親《おや》の字《じ》の形《かたち》としっかり意味《いみ》をおぼえておけば、子《こ》どもの字《じ》の意味《いみ》もまよわずにすむのね。

そのとおり、さすが読子《よみこ》ちゃん！

中学《ちゅうがく》で習《なら》う漢字《かんじ》までおぼえられたし、得《とく》しちゃったな～！

ホントね!!

でも、中学《ちゅうがく》に上《あ》がるまでわすれずにいられるか自信《じしん》がない。

あのね…。

わすれそうになったら、漢字家《かんじか》族《ぞく》の島《しま》にまたいつでも行《い》くといいですよ!!

コロッ
でも今《いま》からは、ちがう島《しま》に行《い》くんでしょう？

ガクッ

新《あたら》しい島《しま》が見《み》えるでチュ～。
おお！あれは「部首《ぶしゅ》の島《しま》」だ!!
「部首《ぶしゅ》」って、いくつかの漢字《かんじ》に共通《きょうつう》している部分《ぶぶん》のことよね。
うん、「楽楽《らくらく》レッスン」に出《で》てたよ！
30～33ページを見《み》るでチュ。
亻にんべん　扌てへん
宀うかんむり　辶しんにょう
そのとおり。それぞれ名前《なまえ》がついているのも特徴《とくちょう》だな。
しかも、部首《ぶしゅ》の中《なか》には、形《かたち》はちがうのに同《おな》じなかまになるものがあるのだ!!
わかった!!「部首《ぶしゅ》の島《しま》」にはそのなかまたちがいるのね！
よっしゃー　いくぞーー！
まあまあ、そうあわてずに。島《しま》に着《つ》くまでおやつタイムにしましょ!!

〈注《ちゅう》〉例《れい》にあげた●の漢字《かんじ》を使《つか》った言葉《ことば》の読《よ》みがなは、カタカナが音《おん》、ひらがなが訓《くん》です。

人のなかま

𠆢（ひとやね）・亻（にんべん）

▼人間《にんげん》に関係《かんけい》があることを表《あらわ》す。

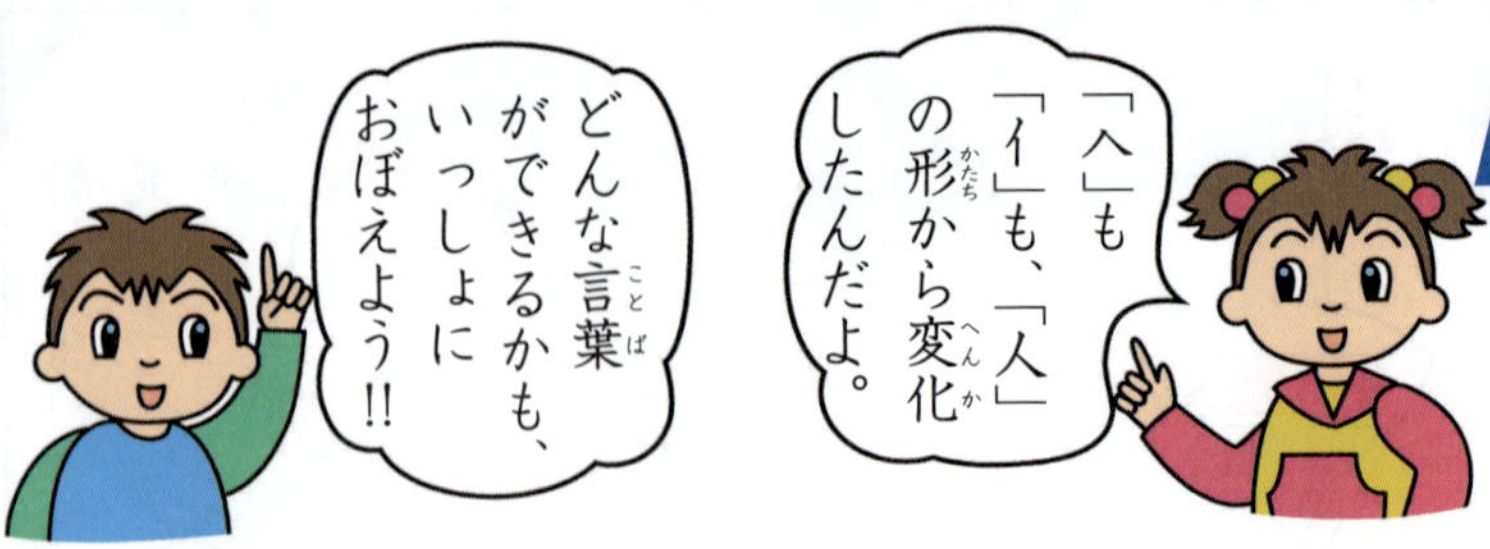

「𠆢」も「亻」も、「人」の形《かたち》から変化《へんか》したんだよ。
どんな言葉《ことば》ができるかも、いっしょにおぼえよう!!

人

- 人数《ニンズウ》
- 人《ひと》がら

倉

- 倉庫《ソウコ》
- 米倉《こめぐら》

会

- 集会《シュウカイ》
- 出会《であ》う

令

- 命令《メイレイ》
- 号令《ゴウレイ》

全体《ぜんたい》止《と》まれ！

仏

- 大仏《ダイブツ》
- 仏様《ほとけさま》

健

- 健康《ケンコウ》
- 健全《ケンゼン》

借

- 借金《シャッキン》
- 貸《か》し借《か》り

停

- 停止《テイシ》
- 停車《テイシャ》

候

- 気候《キコウ》
- 立候補《リッコウホ》

手 のなかま

扌（てへん）

▼手《て》の動作《どうさ》に関係《かんけい》することを表《あらわ》す。

「手」は、手《て》の形《かたち》の絵《え》からできた字《じ》だよ。

手
- 選手《センシュ》
- 手紙《てがみ》

投
- 投球《トウキュウ》
- やり投《な》げ

打
- 打者《ダシャ》
- 打《う》ち切《き》る

捨
- 四捨五入《シシャゴニュウ》
- 捨《す》てねこ

↕

拾
- 拾《ひろ》い集《あつ》める
- 拾《ひろ》い物《もの》

招
- 招待《ショウタイ》
- 手招《てまね》き

折
- 骨折《コッセツ》
- 折《お》り曲《ま》げる

揮
- 指揮《シキ》
- 発揮《ハッキ》

水のなかま

氵（さんずい）

▼水《みず》に関係《かんけい》があることを表《あらわ》す。

水

・水温《スイオン》
・雨水《あまみず》

氷

・氷山《ヒョウザン》
・かき氷《ごおり》

永

・永久《エイキュウ》
・末永《すえなが》い

泉

・温泉《オンセン》
・泉《いずみ》がわく。

ここは、永遠《えいえん》に水《みず》がわき出《で》る泉《いずみ》だ！

湖

・湖水《コスイ》
・森《もり》の湖《みずうみ》。

池

・貯水池《チョスイチ》
・古池《ふるいけ》

河

・運河《ウンガ》
・河口《カコウ》

「氵（さんずい）」は、へんのなかまだから、左側《ひだりがわ》につくのよ。

洗

・洗面所《センメンジョ》
・手洗《てあら》い

潮

・干潮《カンチョウ》
・潮《しお》ひがり

心のなかま

忄(りっしんべん)

▼人《ひと》の心《こころ》に関係《かんけい》があることを表《あらわ》す。

「心」が立《た》った形《かたち》なので、「立心《りっしん》べん」なんだ。

忄 ← 心

念

・記念《キネン》
・残念《ザンネン》

忘

・忘年会《ボウネンカイ》
・忘《わす》れ物《もの》

悲

・悲運《ヒウン》
・悲《かな》しみ

思

・思考《シコウ》
・思《おも》い出《で》

必

・必勝《ヒッショウ》
・必《かなら》ず行《い》く。

息

・休息《キュウソク》
・ため息《いき》

快

・全快《ゼンカイ》
・軽快《ケイカイ》

慣

・習慣《シュウカン》
・不《ふ》慣《な》れ

応

・応答《オウトウ》
・応急処置《オウキュウショチ》

退院《たいいん》おめでとう。

衣 のなかま

衤（ころもへん）

▼衣類《いるい》に関係《かんけい》があることを表《あらわ》す。

衣

・衣服《イフク》
・白衣《ハクイ》

装

・包装《ホウソウ》
・装置《ソウチ》

裁

・裁断《サイダン》
・裁判《サイバン》

表

・表紙《ヒョウシ》
・表通り《おもてどおり》

↕

裏

・裏地《うらジ》
・裏通り《うらどおり》

製

・製品《セイヒン》
・手製《てセイ》

補

・補給《ホキュウ》
・補助《ホジョ》

複

・複雑《フクザツ》
・複製《フクセイ》

示 のなかま

ネ（しめすへん）

▼神《かみ》や祭《まつ》りに関係《かんけい》があることを表《あらわ》す。

祭

- 祭日《サイジツ》
- 夏祭《なつまつ》り

票

- 投票《トウヒョウ》
- 開票《カイヒョウ》

禁

- 禁止《キンシ》
- 禁漁区《キンリョウク》

神

- 神社《ジンジャ》
- 神様《かみさま》

社

- 社会《シャカイ》
- 入社《ニュウシャ》

祝

- 祝日《シュクジツ》
- 入学祝《ニュウガクいわ》い

礼

- 朝礼《チョウレイ》
- 礼服《レイフク》

福

- 幸福《コウフク》
- 福引《フクび》き

祖

- 祖先《ソセン》
- 祖父母《ソフボ》

犬 のなかま

犭（けものへん）

▼犬《いぬ》やけものに関係《かんけい》のあることを表《あらわ》す。

犬

- 愛犬《アイケン》
- 犬小屋《いぬごや》

ラル

犯

- 犯人《ハンニン》
- 防犯《ボウハン》カメラ

あのカメラにバッチリうつっていたぞ。

状

- 状態《ジョウタイ》
- 年賀状《ネンガジョウ》

独

- 独立《ドクリツ》
- 独奏《ドクソウ》

「犭」のこと、どうして「けもの へん」っていうのかな？

「毛《け》でおおわれている動物《どうぶつ》」の「毛物《けもの》」の代表《だいひょう》を、「犬《いぬ》」と考えたとされているのよ。

肉 のなかま

月（にくづき）

▼体《からだ》に関係《かんけい》のあることを表《あらわ》す。

肉

・牛肉《ギュウニク》
・肉親《ニクシン》

育

・生育《セイイク》
・子育《こそだ》て

肥

・肥料《ヒリョウ》
・肥《こ》えた土地《トチ》。

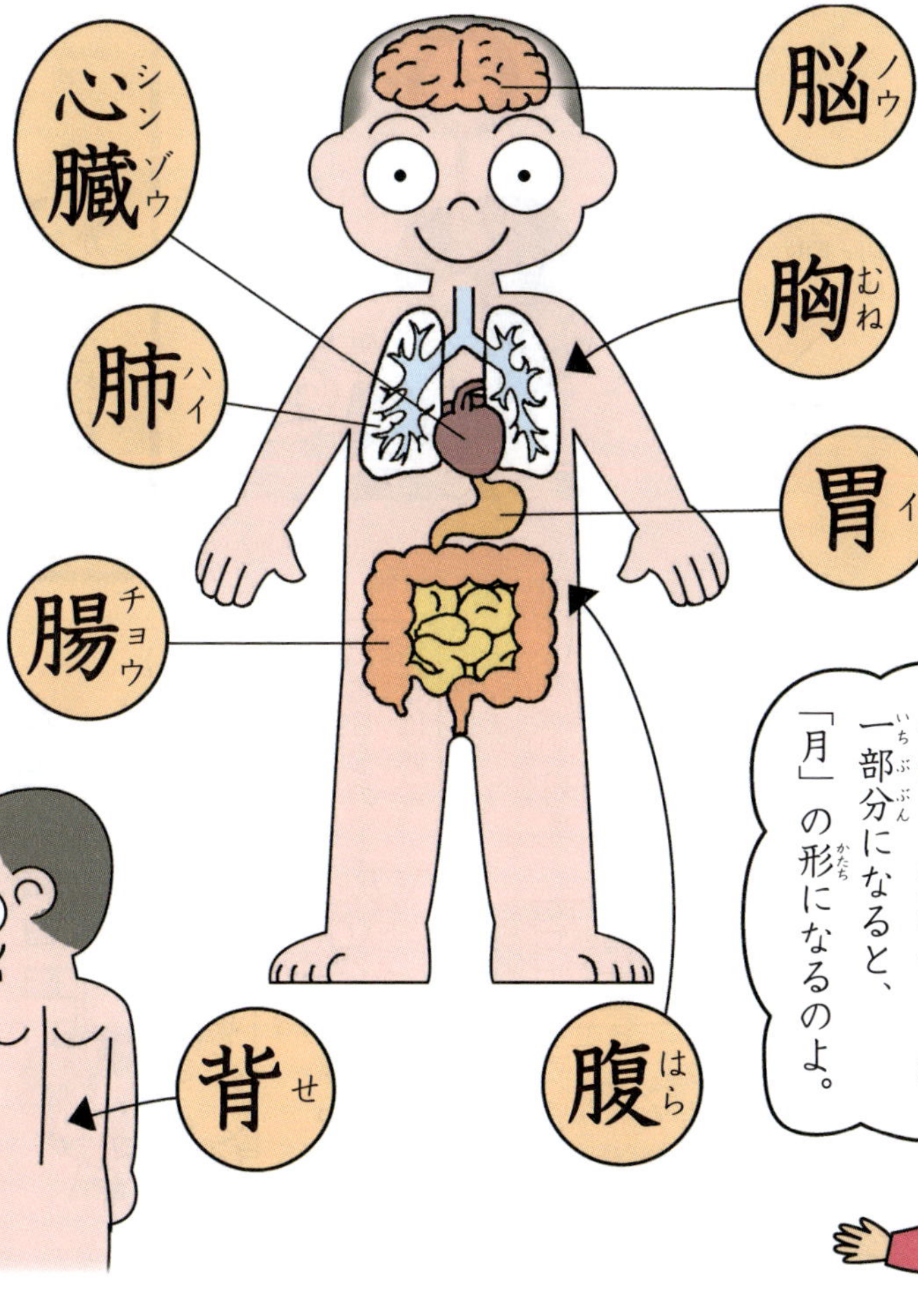

これが、「肉」のもとの形《かたち》よ。漢字《かんじ》の一部分《いちぶぶん》になると、「月」の形《かたち》になるのよ。

刀のなかま

刂（りっとう）

▼刀《かたな》や切《き》ることに関係《かんけい》があることを表《あらわ》す。

分

・半分《ハンブン》
・分《わ》かれ道《みち》

切

・切断《セツダン》
・切《き》り口《くち》

初

・初日《ショニチ》
・初日《はつひ》

刻

・時刻《ジコク》
・定刻《テイコク》

刷

・印刷《インサツ》
・色刷《いろず》り

創

・創造《ソウゾウ》
・創立《ソウリツ》

明日《あす》は創立《そうりつ》記念日《きねんび》なので学校《がっこう》は休《やす》み。

列

・列車《レッシャ》
・行列《ギョウレツ》

刊

・刊行《カンコウ》
・週刊誌《シュウカンシ》

○○○○○
第3巻発売

火のなかま

火（ひへん）

灬（れっか れんが）

▼火《ひ》に関係《かんけい》があることを表《あらわ》す。

灰

・灰色《はいいろ》
・灰皿《はいざら》

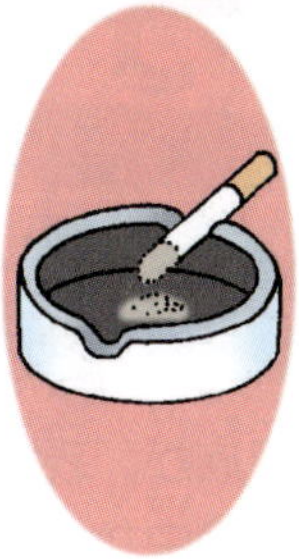

炭

・石炭《セキタン》
・炭火《すみび》

災

・災害《サイガイ》
・火災《カサイ》

灯

・灯台《トウダイ》
・街灯《ガイトウ》

燃

・燃料《ネンリョウ》

焼

・燃焼《ネンショウ》
・日焼《ひや》け

照

・照明《ショウメイ》
・日照《ひで》り

熱

・熱気球《ネツキキュウ》
・発熱《ハツネツ》

熟

・熟練《ジュクレン》
・未熟《ミジュク》

ゲームタワー

漢字とあそぼう

高学年 漢字《かんじ》の親《しん》せきさがし

わからない人《ひと》は、あみだをたどってみよう。

漢字《かんじ》おばけの家族《かぞく》が、親《しん》せきさがし。左《ひだり》の家族《かぞく》の親《しん》せきを右《みぎ》の家族《かぞく》の中《なか》からさがしてね。部首《ぶしゅ》に注目《ちゅうもく》!!

灯
燃
焼
祝
神
礼
福
快
情
性
温
潔
泣
漁
液
息
態
志
応
想
票
祭
禁
点
熱
無
照
求
泉
氷

答えは、270ページ

キャプテン カンジーの

漢字《かんじ》らく楽らく楽暗記《あんき》 1

♣ここでは、1年《ねん》・2年《ねん》で習《なら》う漢字《かんじ》の中《なか》からえらんだ30字《じ》の漢字《かんじ》のおぼえ方《かた》をしょうかいします。

アチョム、おまえってゆきだるまににてるなあ。
ちょっとそこにすわって。絵《え》にかいてあげるよ！
こうでチュか？
できた！
タイトルもつけよう。「アチョムゆきだるま」と。
かわいいでチュ〜〜
え〜〜〜と読子《よみこ》ちゃん！「ゆきだるま」の「ゆき」って、どんな漢字《かんじ》だっけ？
ヤーネ。「ゆき」って二年生《にねんせい》の漢字《かんじ》よ。わすれたの？
イヤ、ほんの度忘《どわす》れだよ度忘《どわす》れ！
「ゆき」はね〝あめよ〟よ！
何《なに》それ！ぼくが知《し》りたいのは、「アメ」じゃなくて「ユキ」だよ！
ガチャ

フフフ それは、漢字《かんじ》をおぼえるためのじゅもんだ！
じゅもん？
これならリズムもあるし暗記《あんき》するのにピッタリだろ。
♪雨《あめ》ヨ《よ》、雪《ゆき》にならないで♪
雨＋ヨ→雪《ゆき》
度忘《どわす》れがなくなるぞ！
すごい！ でも、なぜ読子《よみこ》ちゃんが知《し》ってるのだ!?
まさか天才《てんさい》!?
実《じつ》は、さっきカンジーから教《おそ》わったのよ！
なーんだ、ビックリした！
ホッ
ホントだ。これならすぐ思《おも》い出《だ》せるね！
アチョム
雪だるま
ワーイでチュ。
ほかの漢字《かんじ》もこうやっておぼえれば便利《べんり》よね。
かわいい
おのぞみなら、一年生《いちねんせい》から六年生《ろくねんせい》までのおぼえ方《かた》をえりすぐってお目《め》にかけよう。
やったー！
〈らくらく暗記《あんき》〉
・第《だい》2回《かい》→P147～
・第《だい》3回《かい》→P179～
・第《だい》4回《かい》→P211～
第《だい》1回《かい》は次《つぎ》のページからでチュ。

〈注《ちゅう》〉見出《みだ》しの漢字《かんじ》の下《した》のカタカナは音読《おんよ》み、ひらがなは訓読《くんよ》みです。訓読《くんよ》みの青字《あおじ》は送《おく》りがなです。

音

・オン／イン*
・おと／ね

たび立《だ》つ
日《ひ》には、
音《おん》がく
ならそ!!

火

・カ
・ひ／ほ*

左《ひだり》チョン（丶）
右《みぎ》チョン（丿）
人《ひと》かいて、
あっと　いうまに
火《ひ》が　できた

花

・カ
・はな

くさ（艹）の　下《した》
イヒ、イヒと
花《はな》わらう

休

・キュウ
・やすむ／やすまる／やすめる

ひと（亻）が
木《き》の　そばで
ひと休《やす》み

ノ　亻　仁　什　休　休

犬

・ケン
・いぬ

大《おお》きな
てん（丶）に
犬《いぬ》ほえる

一　ナ　大　犬

見

・ケン
・みる／みえる／みせる

目《め》の　下《した》に
あし（儿）が
はえたよ
見《み》て　ごらん

丨　冂　冃　冃　目　目　見

四

・シ
・よ／よつ／よっつ／よん

はこ（冂）の 中《なか》、
あし（儿）まげ
一《いち》かき
四《よん》かいとび

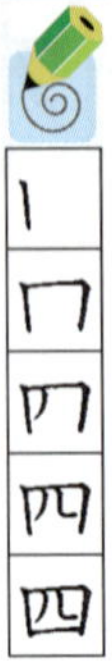

字

・ジ
・*あざ

ウ（宀）の
ぼうし、子《こ》どもが
かぶって 字《じ》を
かいた

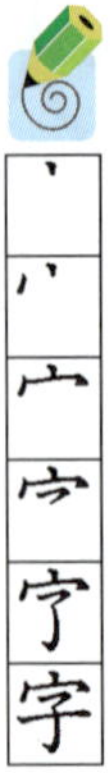

車

・シャ
・くるま

一日《いちにち》 一《いっ》ぽん
ぼう（｜） 立《た》てて
かざ車《ぐるま》 まわせ

出

・シュツ／スイ*
・でる／だす

ぼう（｜）立《た》てて
はこ（凵）二《ふた》つ
つないで
まえに　出《だ》す

森

・シン
・もり

木《き》の　下《した》に、
林《はやし》が　できて
森《もり》に　なる

千

・セン
・ち

ひげ（ノ）の
十円《じゅうえん》、千円《せんえん》に
ばけたよ
十
千円

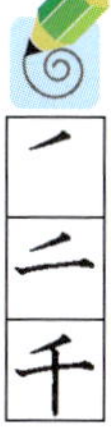

川

・セン*
・かわ

たて三《さん》ぼん
せんが ならんで
川《かわ》に なる

丿 川 川

早

・ソウ／サッ*
・はやい／はやまる／はやめる

お日《ひ》さま
十《じゅう》じよ、
早《はや》く おきて

丨 冂 日 日 旦 早

男

・ダン／ナン
・おとこ

田《た》んぼの 下《した》で
力《ちから》を 出《だ》すよ
男《おとこ》の子《こ》

丨 冂 冊 田 田 男 男

天

・テン
・*あめ／あま

ながい ぼう（一）
みじかい ぼう（一）
人《ひと》と いっしょに
天《てん》まで あがれ

一 二 チ 天

百

・ヒャク
・―

一ノ日《いちのひ》は、
百円《ひゃくえん》セールで
おかいもの

一 丆 丆 百 百 百

本

・ホン
・もと

木《き》の 下《した》に
ぼう（一）を
くっつけ
本《ほん》やさん

一 十 オ 木 本

林

・リン
・はやし

一 十 才 木 村 材 林

木《き》が
なかよく 二《に》ほん ならんで
林《はやし》に なった

六

・ロク
・む／むっつ／むっつ／
むい

丶 亠 亣 六

なべの ふた（亠）
ハハハと わらって
六《ろく》に なる

絵

・カイ／エ
・――

く 幺 糸 糸 糸 糸 絵 絵

糸《いと》と 会《あ》うと
絵《え》を かきたく
なっちゃった

間

・カン／ケン
・あいだ／ま

お日《ひ》さまが
かお出《だ》してるよ
門《もん》の　間《あいだ》

岩

・ガン
・いわ

山《やま》の　下《した》に
ある　石《いし》は、
岩《いわ》だよ

強

・キョウ／ゴウ*
・つよい／つよまる／
つよめる／*しいる

弓《ゆみ》もって
ムんずと
虫《むし》とる
強《つよ》いねえー

計

・ケイ
・はかる／はからう

言《い》ってよ
十回《じっかい》
計算《けいさん》もんだい

丶 亠 言 言 言 言 計

公

・コウ
・*おおやけ

ハム
食《た》べながら
公園《こうえん》さんぽ

ノ 八 公 公

思

・シ
・おもう

田《た》んぼは
心《こころ》で
思《おも》い出《だ》す

丨 冂 冊 田 田 思 思 思

時

・ジ
・とき

日《ひ》が　くれて
お寺《てら》の
かねが　なる
時間《じかん》

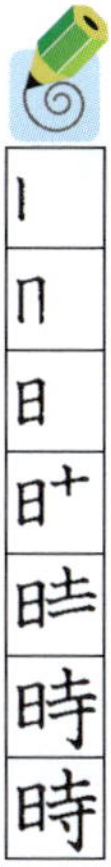

親

・シン
・おや／したしい／したしむ

立《た》って
木《き》を　見《み》るのは
親《おや》だよ

晴

・セイ
・はれる／はらす

お日《ひ》さまが
青《あお》の
ふく　きて
晴《は》れに　なる

ゲームタワー
漢字とあそぼう

1 中学年 一画《いっかく》たして変身《へんしん》

次《つぎ》の字《じ》に一画《いっかく》たして、いろいろな漢字《かんじ》を作《つく》ってみよう。

例《れい》 木 本 未 末
① 大
② 日
曰、日のように、もとの字《じ》の形《かたち》を少《すこ》しかえてもいいよ。
ドロン

2

「一《いち》」の字《じ》から一画《いっかく》ずつふやして漢字《かんじ》を変身《へんしん》させてみたよ。①〜④の□にあてはまる漢《かん》字《じ》を書《か》いてね。

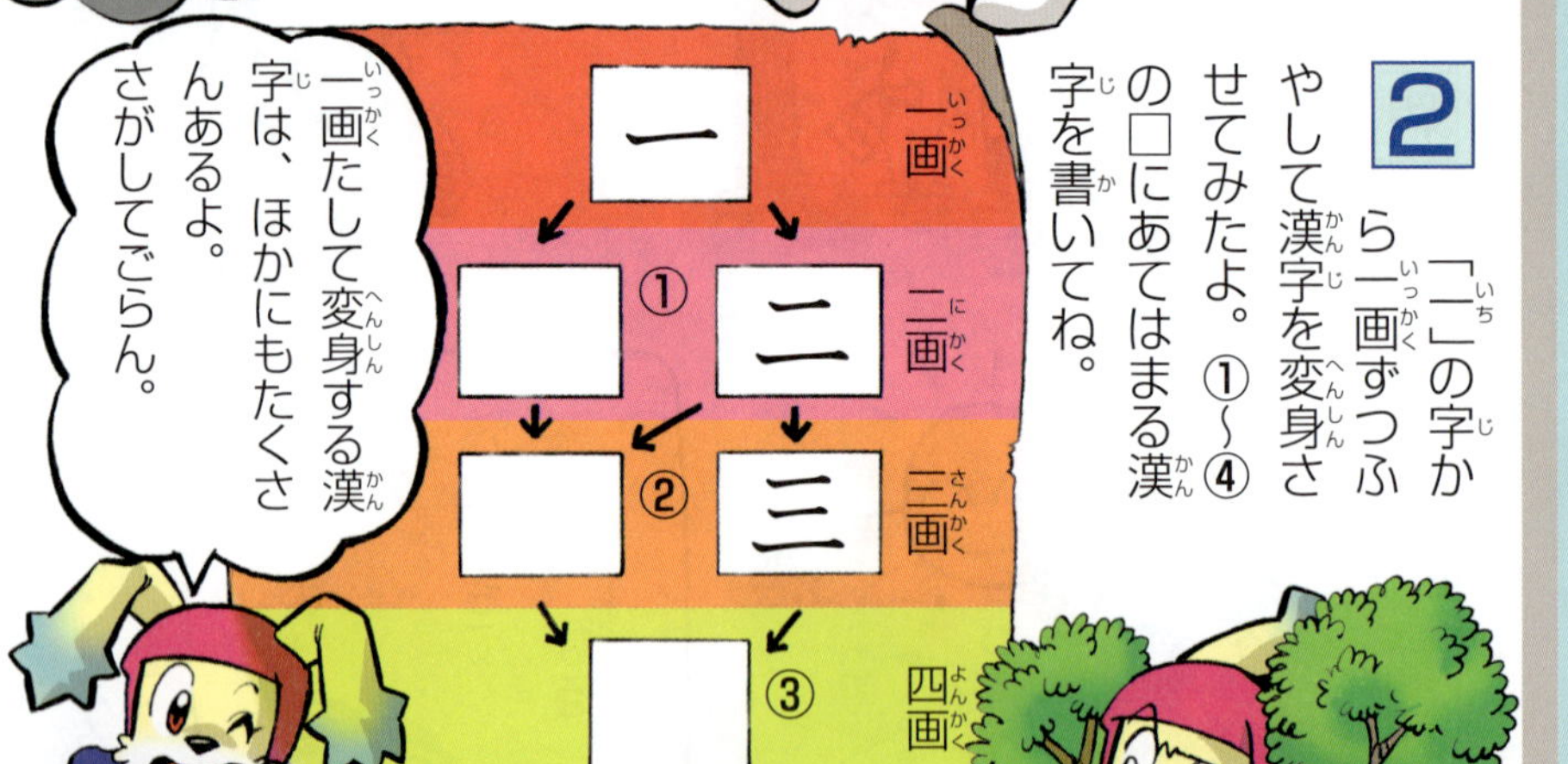

一画《いっかく》 一
二画《にかく》 ① 二
三画《さんかく》 ② 三
四画《よんかく》 ③
五画《ごかく》 ④ 玉
一画《いっかく》たして変身《へんしん》する漢《かん》字《じ》は、ほかにもたくさんあるよ。さがしてごらん。
コソコソ…

答えは、271 ページ

漢字《かんじ》たんけん
漢字《かんじ》おもしろルール

いっただきまーす。
あれ？音太《おんた》くんどうしたの？食欲《しょくよく》なさそうだけど。
はあ〜〜
読子《よみこ》ちゃん、ボクのお皿《さら》の上《うえ》見《み》てよ。
なにこれ〜？
パクさんがすきなメニューを紙《かみ》に書《か》いてっていうから、
カキカキ
大《だい》すきな玉子《たまご》やき。
そしたら、点《てん》をつけわすれて「玉子《たまご》」が「王子《おうじ》」になっちゃってたんだあ〜。
おや？王子《おうじ》やきではなくて、玉子《たまご》やきでしたか。
トホホー。

う、っっう…。
カ カンジー、どうしたの？
実《じつ》はわたしも子《こ》どものころ同《おな》じようなことが…。
プン
何《なに》これ！ カンジー きらい!!
きみは氷辺の鳥のようだ…
ジュリアー！
玉
王
水
氷
たった点一《てんひと》つのちがいなのにねえ！
しかし！この「、」は、あるかないかで大《おお》きなちがいなのだ。
実感《じっかん》している二人《ふたり》。
まあまあ、ここらで気分《きぶん》をかえて、ダイビングなどいかがでしょう？
やった！さんせーい！
イエーイ
ヤッホー！
ザパーン

おーい！二人《ふたり》とも。
なあに。
あの先《さき》にドームが見《み》えるだろう!!
あれは、「海中漢字《かいちゅうかんじ》ドーム」だ！中《なか》に入《はい》ればいろんな漢字《かんじ》に出会《であ》えるぞ。
ホント!!行《い》きたーい。
よーし、レッツGO《ゴー》！
まあ、待《ま》て。いっしょにこのボートで行《い》こう。
あれ？パクさんも。
勉強《べんきょう》するとおなかがすきますよ。
まず、入《い》り口《ぐち》にはまちがえやすい漢字《かんじ》がたくさんかざってある。
今《いま》のうちに心《こころ》の準備《じゅんび》をしておくのだ。
はい、着《き》がえ持《も》ってきましたよ！
書《か》きまちがえやすい字《じ》には、大《おお》きく分《わ》けてこの三《みっ》つがある。
読《よ》み方《かた》が同《おな》じ漢字《かんじ》
形《かたち》のにている漢字《かんじ》
形《かたち》をまちがえやすい漢字《かんじ》
もうすぐ着《つ》くでチュ。

同《おな》じ音《おん》読《よ》みの漢《かん》字《じ》

海中《かいちゅう》漢字《かんじ》ドーム
すごーい!
ねえ、カンジー。同《おな》じ音読《おんよ》みの漢字《かんじ》って、そんなに多《おお》いの?
うむ! もちろんだ。たとえばな。
な、何《なに》これ!?
この海《うみ》を①コウコウ中《ちゅう》の船《ふね》には、親《おや》②コウコウな③コウコウ生《せい》が乗《の》っている。
①~③の「コウ」の字《じ》を漢字《かんじ》で正《ただ》しく書《か》けるかな?
「コウ」の字《じ》は、小学校《しょうがっこう》で習《なら》うものだけで32個《こ》あるでチュ。
ヒントはこの中《なか》にありますよ。
ヒャー「コウ」ばっかりだよ!
工 向 光
校 交 効
孝 航 高
行 功 幸
豆ちしき

①航行《こうこう》
▼船《ふね》や飛行機《ひこうき》が、決《き》められた道《みち》すじを進《すす》むこと。
②孝行《こうこう》
▼親《おや》を大切《たいせつ》にすること。
③高校《こうこう》
▼「高等学校《こうとうがっこう》」のこと。
ジャーン！正解《せいかい》はこれ。意味《いみ》もよくたしかめてみるのだ！
同《おな》じ「コウコウ」でも、意味《いみ》はみんなちがうのね！
でも読《よ》み方《かた》は全部《ぜんぶ》コウコウ、コウコウコウコウ…。
これもコウコウですよ！
香香《こうこう》
「つけもの」のこと。
おいしそう！
ビュッ
早《はや》っ
同《おな》じ音読《おんよ》みでも意味《いみ》がちがう言葉《ことば》を「同音異義語《どうおんいぎご》」というのだ！
うん うまい！
正《ただ》しく使《つか》い分《わ》けるには、意味《いみ》の区別《くべつ》が大事《だいじ》なのね。
お茶《ちゃ》かごはんがほしい……。
ボリボリ
ほかにはどんな「同音異義語《どうおんいぎご》」があるのかしら。
よし！では同《おな》じ音読《おんよ》みの言葉《ことば》をさがしに出発《しゅっぱつ》だ！
おー！

意《い》外《がい》

→考《かん》えてもみなかったこと。思《おも》いのほか。

お兄《にい》ちゃん、まだあ？
ムム～
意《い》外《がい》とむずかしい…。

以《い》外《がい》

→それをのぞいた、ほかのもの。そのほか。

半額《はんがく》セール
そこ以《い》外《がい》が半額《はんがく》となります。
そんな!!

異《い》議《ぎ》

→ある考《かん》えとちがう考《かん》えや意見《いけん》。反対《はんたい》の意見《いけん》。

おこづかいアップ！
異《い》議《ぎ》あり！

異《い》義《ぎ》

→ちがう意味《いみ》。

記者《きしゃ》
帰社《きしゃ》
同音《どうおん》異義《いぎ》語《ご》か…。意《い》義《ぎ》のある授業《じゅぎょう》だったな。

意《い》義《ぎ》

→言葉《ことば》のもつ意味《いみ》。ものごとのねうち。

＊は、中学校《ちゅうがっこう》で習《なら》う漢字《かんじ》。＊は、中学校以上《ちゅうがっこういじょう》で習《なら》う音読《おんよ》み。

意志《いし》

↓ものごとをやりとげようとする心《こころ》。

目標《もくひょう》三《さん》キロ減《げん》！
なかなか意《い》志《し》が強《つよ》いな。

意思《いし》

↓あることをしようという考《かんが》え。思《おも》っていること。

うちのクラブに入《はい》りたいの？
はっきり意《い》思《し》表示《ひょうじ》しなさい。

異常《いじょう》

↓ふつうではないこと。とくべつ。⇕正常《せいじょう》

異常《いじょう》な暑《あつ》さだ！

異状《いじょう》

↓ふだんとはちがうようす。別状《べつじょう》。

異状《いじょう》なし！

回答《かいとう》

↓質問《しつもん》にこたえること。

解答《かいとう》

↓問題《もんだい》をといて答《こた》えること。その答《こた》え。

開放《かいほう》

↓あけはなすこと。だれでも使《つか》えるようにすること。

解放《かいほう》

↓自由《じゆう》をうばわれていたものを自由《じゆう》にすること。

快方《かいほう》

↓病気《びょうき》やけがなどがよくなっていくこと。

観《かん》賞《しょう》

→美《うつく》しいものを見《み》て楽《たの》しむこと。

*鑑《かん》賞《しょう》

→（芸術作品《げいじゅつさくひん》を）見《み》たりきいたりして味《あじ》わうこと。

感《かん》心《しん》

→りっぱなものや行《おこな》いに対《たい》して深《ふか》く心《こころ》を動《うご》かされること。

感心《かんしん》な子《こ》だ。

関《かん》心《しん》

→とくに強《つよ》く興味《きょうみ》をもつこと。

今《いま》いちばんの関心事《かんしんじ》！

「歓心《かんしん》を買《か》う」は、相《あい》手《て》のきげんをとることだよ。

*歓《かん》心《しん》

→うれしいと思《おも》う心《こころ》。

機会《きかい》

→ちょうどよいおり。チャンス。

機械《きかい》

→動力《どうりょく》によって仕事《しごと》をするそうち。

器械《きかい》

→道具《どうぐ》。しくみの簡単《かんたん》な機《き》械《かい》。

・器械体操《きかいたいそう》

競争《きょうそう》

→勝《か》ち負《ま》けや、よしあしなどをあらそうこと。

競走《きょうそう》

→決《き》められたきょりを走《はし》り、速《はや》さをあらそうこと。

強調《きょうちょう》

↓調子《ちょうし》を強《つよ》めること。とくに強《つよ》く言《い》うこと。

協調《きょうちょう》

↓うまく進《すす》むように、みんなで力《ちから》を合《あ》わせること。

見当《けんとう》

↓みこみ。およその方向《ほうこう》。…ぐらい。

検討《けんとう》

↓細《こま》かく調《しら》べ、それでいいかどうかたしかめること。

健《けん》*闘《とう》

↓せいいっぱいよくたたかうこと。

ゲームタワー

漢字とあそぼう

中学年 ぬり絵《え》展《てん》覧《らん》会《かい》

見《み》て、見《み》て！　この絵《え》、ぼくがかいたんだよ。えっ？　何《なに》もないじゃないかって？

音読《おんよ》みで「セイ」と読《よ》む字《じ》が書《か》いてあるますに色《いろ》をぬると、何《なに》かの絵《え》が出《で》てくるよ。それは何《なに》かあててみてね。

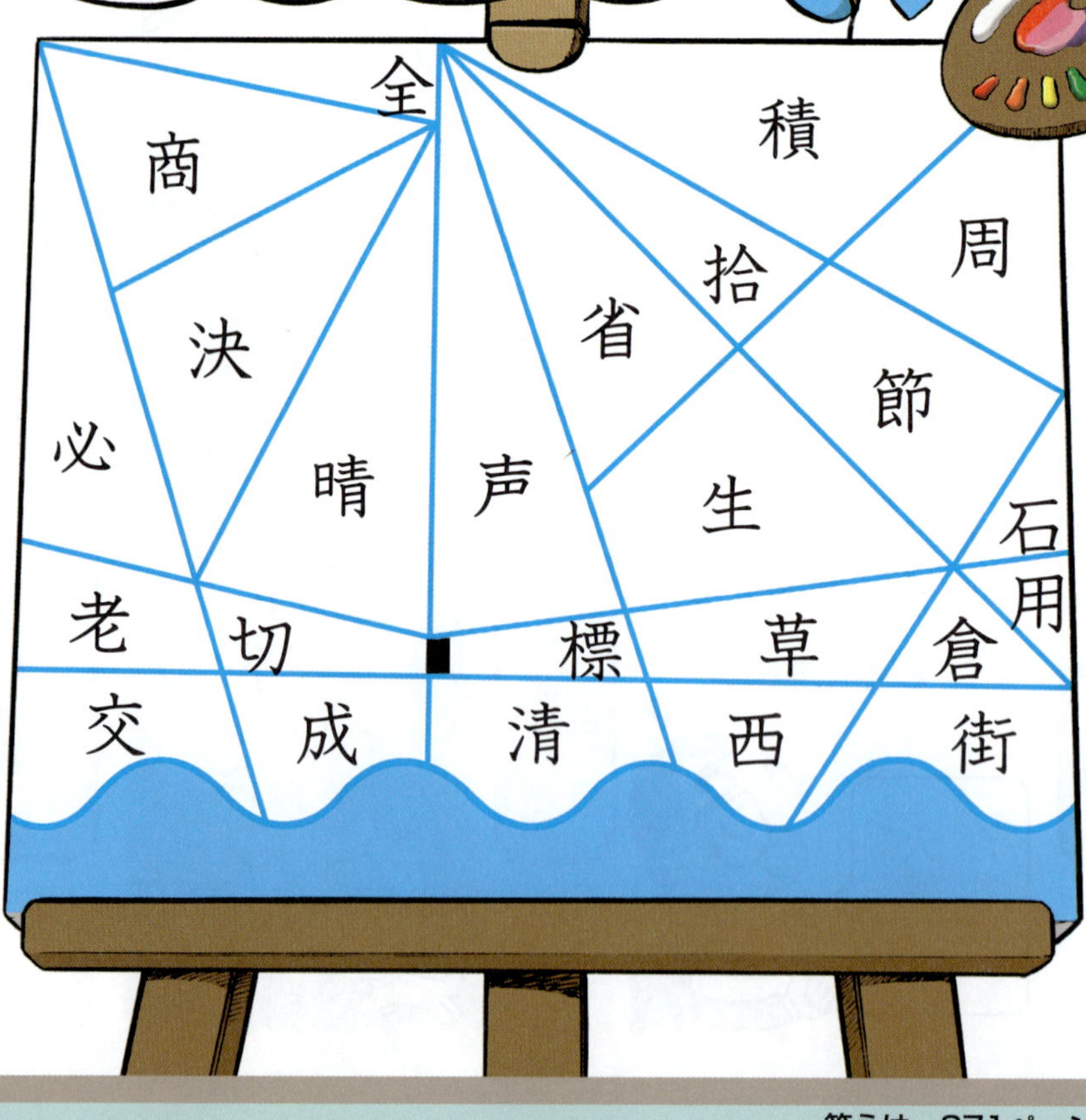

答えは、271ページ

好意《こうい》

↓人《ひと》に対《たい》してもつ、よい感《かん》じ。親切《しんせつ》な気持《きも》ち。

*厚《こう》意《い》

↓思《おも》いやりのある心《こころ》。

行《こう》*為《い》

↓おこない。ふるまい。

公演《こうえん》

↓おおぜいの人《ひと》の前《まえ》で劇《げき》や歌《うた》などをえんじること。

講演《こうえん》

↓おおぜいの人《ひと》の前《まえ》で、あることについて話《はなし》をすること。

後《こう》*援《えん》

↓表面《ひょうめん》には出《で》ないで、かげで助《たす》けること。

興行《こうぎょう》

→映画《えいが》・しばいなどをお金《かね》をとって見《み》せること。

いよいよ春場所《はるばしょ》興行《こうぎょう》の始《はじ》まりだな。

興業《こうぎょう》

→新《あたら》しく事業《じぎょう》をおこすこと。

□□会社
この会社《かいしゃ》、どんどん大《おお》きくするゾ!!

公正《こうせい》

→かたよりがなく、正《ただ》しいこと。

公正《こうせい》な立場《たちば》でみてどちらも悪《わる》い。

構成《こうせい》

→組《く》み立《た》てること。組《く》み立《た》てたもの。

後世《こうせい》

→のちの世《よ》の中《なか》。

後世《こうせい》に残《のこ》るような構成《こうせい》の小説《しょうせつ》を書《か》くぞ!

最後《さいご》

↓いちばんあと。いったん…したら。

夏休《なつやす》み最後《さいご》の日《ひ》はいつもこうなんだから…。

最期《さい*ご》

↓命《いのち》がなくなるまぎわ。

武人《ぶじん》としてりっぱな最期《さいご》だ!

時期《じき》

↓ものごとをするとき。季《き》節《せつ》。期間《きかん》。

種《たね》をまく時期《じき》だ。

時季《じき》

↓あるものごとにてきした季節《きせつ》。

生長《せいちょう》の時季《じき》だな。
そろそろ食《た》べる時機《じき》だよ。

時機《じき》

↓ものごとをするのにちょうどいいとき。

*収拾《しゅうしゅう》

→みだれたものごとをおさめ、まとめること。

収集《しゅうしゅう》

→集《あつ》めること。集《あつ》めたもの。

*修行《しゅぎょう》

→心《こころ》のまよいをなくすために努力《どりょく》すること。

*修業《しゅぎょう》

→学問《がくもん》や技術《ぎじゅつ》などを習《なら》い、身《み》につけること。

受賞《じゅしょう》

↓ほうびや賞《しょう》などを受《う》けること。

賞状
受賞《じゅしょう》と授賞《じゅしょう》は反対《はんたい》の意味《いみ》よ。

授賞《じゅしょう》

↓ほうびや賞《しょう》などをあたえること。

三十年後《さんじゅうねんご》
今度《こんど》は授賞《じゅしょう》する側《がわ》か…。
賞状

障害《しょうがい》

↓じゃまになること。

この障害《しょうがい》をこえなければ楽《たの》しい夏休《なつやす》みは来《こ》ないぞ。
テスト

傷害《しょうがい》

↓人《ひと》をきずつけること。けがをすること。

傷害《しょうがい》事件《じけん》？しっかりしろ！
落《お》ちて赤《あか》いペンキをかぶっただけ…。

進《しん》路《ろ》

→進《す》んでいく方向《ほうこう》。

進路《しんろ》がさえぎられちゃった。

針《しん》路《ろ》

→船《ふね》・飛行機《ひこうき》の進《すす》む方向《ほうこう》。ものごとの目《め》ざす方向《ほうこう》。

西《にし》に針路《しんろ》をとりますよ。
西《にし》じゃない東《ひがし》！

生《せい》長《ちょう》

→草《くさ》や木《き》が育《そだ》って大《おお》きくなること。

手入《てい》れをしなかったから、雑草《ざっそう》ばかり生長《せいちょう》しちゃった！

成《せい》長《ちょう》

→人《ひと》や動物《どうぶつ》などが育《そだ》って、大《おお》きくなること。

成長《せいちょう》が楽《たの》しみだわ。
ゴクゴク

絶《ぜっ》対《たい》

↓ほかにくらべるものがない。かならず。けっして。

ボールがあるのはどっち?
絶対《ぜったい》左《ひだり》!

絶《ぜっ》体《たい》

↓「絶体絶命《ぜったいぜつめい》」の形《かたち》でのみ使《つか》う。進退《しんたい》きわまること。

絶体《ぜったい》絶命《ぜつめい》だ!

創《そう》造《ぞう》

↓今《いま》までにないものを新《あたら》しくつくり出《だ》すこと。

天地《てんち》の創造《そうぞう》まであと少《すこ》しだ。

想《そう》像《ぞう》

↓実際《じっさい》にないものや経験《けいけん》したことのないことを思《おも》いうかべること。

タイムマシン

対象《たいしょう》

→相手《あいて》。目標《もくひょう》。

ごめんね。五才《ごさい》以下《いか》の子《こ》だけ対象《しょう》なの。

対照《たいしょう》

→二《ふた》つのものをくらべ合《あ》わせること。二《ふた》つのものをくらべたときの目立《めだ》つちがい。

ぼくたち好対《こうたい》照《しょう》だけど仲《なか》がいいんだ。

対称*《たいしょう》

→ある点《てん》や線《せん》をさかいにして、二《ふた》つの点《てん》・線《せん》・形《かたち》などが向《む》き合《あ》った位置《いち》にあること。

探求《たんきゅう》

→あるものごとを、どこまでもさがしもとめること。

なぜ絵《え》ばかりかいているの？
美《び》の探求《たんきゅう》よ！

探究《たんきゅう》

→ものごとの本当《ほんとう》の姿《すがた》やありさまをくわしく調《しら》べて、明《あき》らかにすること。

研究《けんきゅう》に大切《たいせつ》なのはたゆまぬ探究《たんきゅう》心《しん》だ……。

平行《へいこう》

↓二《ふた》つの直線《ちょくせん》や平面《へいめん》などが、どこまでのばしても交《まじ》わらないこと。

二人《ふたり》の意見《いけん》は、平行線《へいこうせん》だな。
にわとりが先《さき》！
たまごが先《さき》！

並行《へいこう》

↓ならんで行《い》くこと。同時《どうじ》におこなわれること。

保証《ほしょう》

↓まちがいないと、うけ合《あ》うこと。

保証《ほしょう》期間《きかん》がすぎているので、修理費《しゅうりひ》が二千円《にせんえん》かかります！
ええっ〜!!

保障《ほしょう》

↓責任《せきにん》をもって守《まも》ること。

このビルの安全《あんぜん》は、ぼくらが保《ほ》障《しょう》します!!
いざというときの補償《ほしょう》をいたします。
〇〇保険

補償《ほ*しょう》

↓あたえた損害《そんがい》に対《たい》して、つぐないをすること。

ゲームタワー

漢字とあそぼう

中学年

共通《きょうつう》漢字《かんじ》をさがせ！

〈例《れい》〉のように、上下《じょうげ》左右《さゆう》のいずれと組《く》み合《あ》わせても正《ただ》しい漢字《かんじ》ができるように、真《ま》ん中《なか》の□に入《はい》る漢字《かんじ》を見《み》つけてね。

〈例《れい》〉

	立	
一	□	月
	生	

〈例《れい》〉の答《こた》えは「日《ひ》」。上下《じょうげ》左右《さゆう》と組《く》み合《あ》わせたときに、それぞれ「音・星・旧・明」ができるね。

①

	十	
矢	□	鳥
	貝	

②

	釆	
火	□	丁
	力	

③

	立	
王	□	予
	灬	

キャプテン カンジーの

漢字《かんじ》らく楽らく楽暗記《あんき》2

♣ここでは、2年《ねん》・3年《ねん》で習《なら》う漢字《かんじ》の中《なか》からえらんだ30字《じ》の漢字《かんじ》のおぼえ方《かた》をしょうかいします。

〈注《ちゅう》〉見出《みだ》しの漢字《かんじ》の下《した》のカタカナは音読《おんよ》み、ひらがなは訓読《くんよ》みです。訓読《くんよ》みの青字《あおじ》は送《おく》りがなです。

切

・セツ／サイ＊
・きる／きれる

七《なな》とうが刀《かたな》で竹《たけ》を切《き》ったよ

・親切《しんせつ》な人《ひと》。

・切手《きって》

雪

・セツ
・ゆき

雨《あめ》ヨ、雪《ゆき》にならないで!

・新雪《しんせつ》
・雪《ゆき》だるま

朝

・チョウ
・あさ

もう十分《じっぷん》、早《はや》く　おきよう
月曜日《げつようび》の朝《あさ》

・朝日《あさひ》
・朝食《ちょうしょく》

＊は、中学校《ちゅうがっこう》以上《いじょう》で習《なら》う音読《おんよ》み・訓読《くんよ》み。

答

・トウ
・こたえる／こたえ

竹《たけ》が
合《あ》ったよ、
この　答《こた》え

・答《とう》あん用紙《ようし》

肉

・ニク
・──

内《ない》しょで
人《ひと》が
肉《にく》食《た》べる

・肉《にく》やさん

・牛肉《ぎゅうにく》

聞

・ブン／モン*
・きく／きこえる

門《もん》の　中《なか》、
耳《みみ》をすまして
音《おと》を　聞《き》く

・新聞《しんぶん》

・ぬすみ聞《ぎ》き

歩

・ホ／ブ＊／フ＊
・あるく／あゆむ

止《と》まらずに
少《すこ》しずつでも
歩《ある》こうよ

・歩道橋《ほどうきょう》
・散歩《さんぽ》

明

・メイ／ミョウ
・あかり／あかるい／あかるむ／あからむ／あきらか／あける／あく／あくる／あかす

お日《ひ》さまと
お月《つき》さま、
いっしょで
明《あか》るいな

・発明《はつめい》

・説明《せつめい》

鳴

・メイ
・なく／なる／ならす

口《くち》で
鳥《とり》が
鳴《な》いてるよ

・虫《むし》が鳴《な》く。

・悲鳴《ひめい》

理

・リ
・―

王子《おうじ》さま
ふる里《さと》で
理科《りか》の
お勉強《べんきょう》

・料理《りょうり》

・整理《せいり》

暗

・アン
・くらい

日《ひ》がしずみ
音《おと》も
しずかだ
暗《くら》い夜《よる》

・暗算《あんざん》

・暗《くら》やみ

意

・イ
・―

音《おと》の心《こころ》は
どんな
意味《いみ》?

・用意《ようい》

・意見《いけん》

員

・イン
・──

口《くち》も目《め》も
八（歯《は》）も
きれいだ
全員《ぜんいん》が

丶 ㇖ 口 ⼝ 目 員 員

・定員《ていいん》
・満員《まんいん》

横

・オウ
・よこ

木《き》のそばの
黄《き》色《いろ》い
ベンチに
横《よこ》になる

木 杧 栟 横 横 横 横

・横断《おうだん》

・横顔《よこがお》

化

・カ／ケ*
・ばける／ばかす

イヒ
イヒと
わらうは
お化《ば》け

ノ イ 亻 化

・化石《かせき》

・変化《へんか》

荷

・カ*
・に

くさ（艹）の下、
何《なに》かあるよ
荷《に》物《もつ》かな？

・出荷《しゅっか》

・荷《に》づくり

去

・キョ／コ
・さる

土《つち》が
ムムムと
去《さ》っていく

・去年《きょねん》

・立《た》ち去《さ》る

庫

・コ／ク*
・——

やね（广）をつけ、
車《くるま》をおけば
車庫《しゃこ》になる

・金庫《きんこ》

・倉庫《そうこ》

始

・シ
・はじめる／はじまる

女《おんな》の子《こ》、
台《だい》にのって
始《はじ》めるよ

・試合開始《しあいかいし》

歯

・シ
・は

止《と》まらない
お米《こめ》の
はこ（凵）を
歯《は》でかじる

・歯科医《しかい》

・虫歯《むしば》

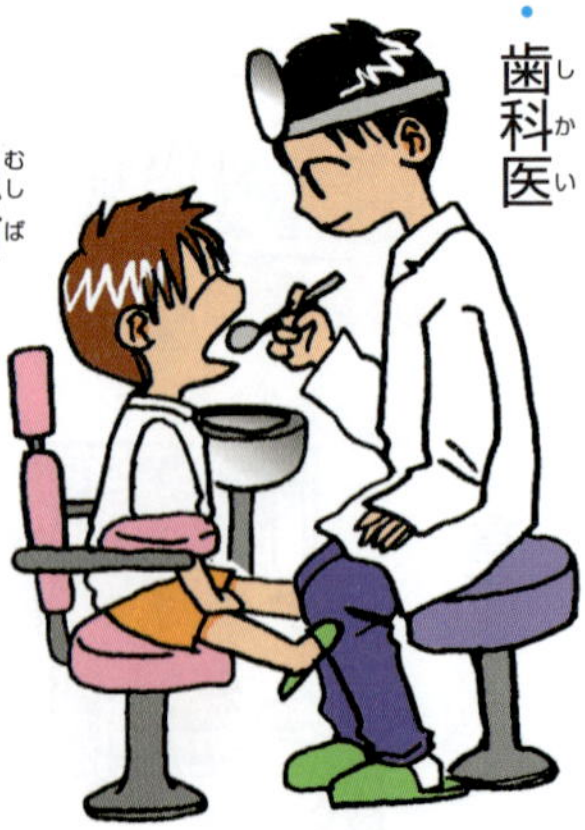

詩

・シ
・—

言《い》っちゃうよ
お寺《てら》の
おしょうさん
詩《し》を書《か》くと

・詩人《しじん》

・詩集《ししゅう》

持

・ジ
・もつ

手《て》(扌)で
お寺《てら》に
持《も》っていく

・持《も》ち主《ぬし》

扌は、「手」の形《かたち》がかわったのよ。

拾

・シュウ*／ジュウ*
・ひろう

手《て》(扌)に
合《あ》った
手《て》ぶくろ、
拾《ひろ》ったよ

・収拾《しゅうしゅう》

ものごとをうまくおさめて、まとめることだよ。

終

・シュウ
・おわる／おえる

糸車《いとぐるま》
まわして
冬《ふゆ》の一日《いちにち》が
終《お》わる

・終業式《しゅうぎょうしき》

終業式

・終点《しゅうてん》

習

・シュウ
・ならう

羽《はね》の白《しろ》い
鳥《とり》の
学《がく》習《しゅう》じゅく

・練習《れんしゅう》

・予習《よしゅう》

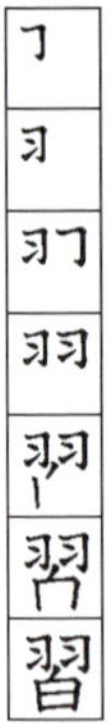

暑

・ショ
・あつい

お日《ひ》さまの
下《した》にいる者《もの》
おお暑《あつ》い！

・暑中見《しょちゅうみ》まい

・暑《あつ》がり

柱

・チュウ
・はしら

木《き》の
主人《しゅじん》は
わが家《や》の
柱《はしら》！

・門柱《もんちゅう》

・柱時計《はしらどけい》

等

・トウ
・ひとしい

竹馬《たけうま》で
寺《てら》まで
きょうそう
一等《いっとう》だ！

・等分《とうぶん》に分《わ》ける。

等《ひと》しく分《わ》ける、という意味《いみ》だよ。

畑

・——
・はた／はたけ

火《ひ》で
田《た》んぼを
畑《はたけ》にかえる

ヘンシーン

・田畑《たはた》

・お花畑《はなばたけ》

問

・モン
・とう／とい／とん

門《もん》の口《くち》で
問題《もんだい》を
とく

ウーム

・学問《がくもん》

・質問《しつもん》

ゲームタワー

漢字とあそぼう

高学年 漢字製造工場《かんじせいぞうこうじょう》

ここは、漢字《かんじ》の製造工場《せいぞうこうじょう》。二《ふた》つの建物《たてもの》では、■にしめした部品《ぶひん》を下《した》の設計図《せっけいず》のA～Fにあてはめて、それぞれ五《いつ》つの漢字《かんじ》を作《つく》っているよ。さて、その漢字《かんじ》とは？

設計図《せっけいず》の同《おな》じ記号《きごう》のところには、同《おな》じ部品《ぶひん》が入《はい》るんだよ。

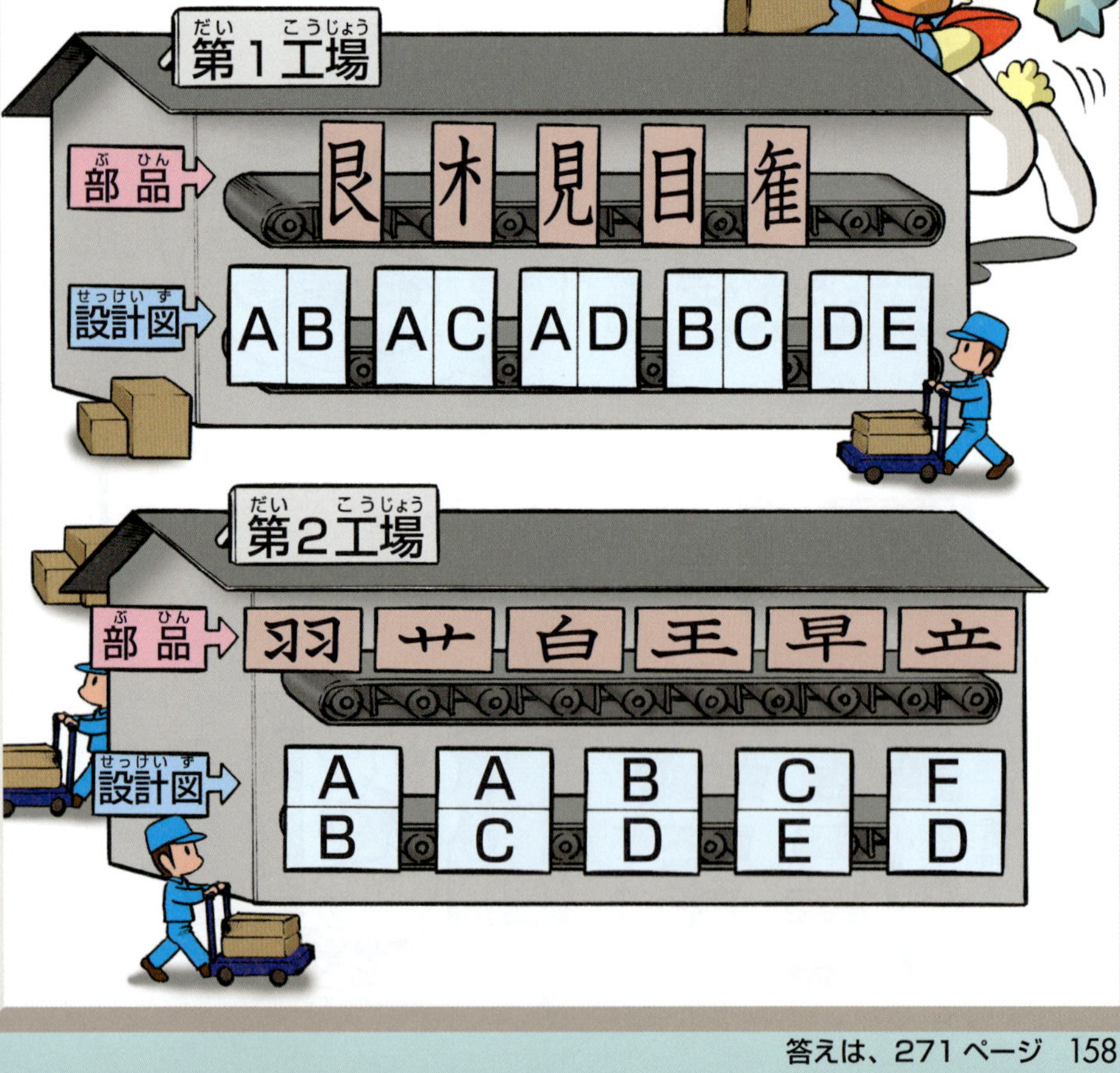
第《だい》1工場《こうじょう》
部品《ぶひん》
艮 木 見 目 隹
設計図《せっけいず》
AB AC AD BC DE
第《だい》2工場《こうじょう》
部品《ぶひん》
羽 艹 白 王 早 立
設計図《せっけいず》
A B
A C
B D
C E
F D

答えは、271ページ

同《おな》じ訓《くん》読《よ》みの漢字《かんじ》

食堂《しょくどう》
フー。ずっと海《うみ》の中《なか》にいたからおなかペコペコ〜。
グ〜
パクさんの料理《りょうり》、楽《たの》しみだな〜〜〜。
ジュウウウ〜
な、なんか見《み》るからに熱《あつ》そうね〜。
へっへっへ。ボクがパクさんにリクエストしといたんだ!!
そりゃ!!
パカ!
なによ!よくやけてはいるけど、すごくうすい肉《にく》じゃない!
パクさん、ひどいよ! ボク「あついステーキ」って書《か》いたのに。
あれ?
ジュウウ〜
ん!? これのことかな!?
とっても熱《あつ》いステーキ
あれ?音太《おんた》くんもしかして「厚《あつ》いステーキ」のまちがいじゃないの?
エ!?

訓読《くんよ》みは同《おな》じ「あつい」だけど、表《あらわ》す意味《いみ》はぜんぜんちがうよ！
熱
▼ものの温《おん》度《ど》が高《たか》い。
厚
▼もののあつみがある。
暑
▼気温《きおん》が高《たか》い。
ボク字《じ》は三《みっ》つとも知《し》っていた…けど、意味《いみ》のちがいまで知《し》らなかったんだ…。
ガックリ
まあまあ「失敗《しっぱい》は成功《せいこう》のもと」っていうよ。またやいたから元気《げんき》出《だ》して。
ジュ
ヤッホー!!
同《おな》じ訓読《くんよ》みの漢字《かんじ》は音読《おんよ》みにくらべたら、ずっと少《すく》ないよ！がんばっておぼえとくといいことあるよ。
はーい！音太《おんた》くん、きいてるの!!
ガツ
ガツ
さて、そろそろ次《つぎ》の探検《たんけん》に出《で》かける。準備《じゅんび》はよいかな？
おー！
ガチャ
音太《おんた》くんって切《き》りかえが早《はや》いわね。

会《あ》う・合《あ》う

使い分け

会

・友達《ともだち》に会《あ》う。

・出会《であ》う

合

・答《こた》えが合《あ》う。

・くつが合《あ》う。

空《あ》く・開《あ》く

使い分け

空

・席《せき》が空《あ》く。

・空《あ》きかん

開

・ドアが開《あ》く。

・幕《まく》が開《あ》く。

上《あ》げる・挙《あ》げる・＊揚《あ》げる

使い分け

上

・荷物《にもつ》を上《あ》げる。

挙

・式《しき》を挙《あ》げる。

揚

・天《てん》ぷらを揚《あ》げる。

われながら、いいでき…。

温《あたた》かい・暖《あたた》かい

使い分け

温

・温《あたた》かいスープ。

・心《こころ》の温《あたた》かい人《ひと》。

どうぞ

暖

・暖《あたた》かいへや。

・暖《あたた》かいセーター。

誤《あやま》る・*謝《あやま》る

使い分け

誤

・計算《けいさん》を誤《あやま》る。

・見誤《みあやま》る

謝

・頭《あたま》を下《さ》げて謝《あやま》る。

表《あらわ》す・現《あらわ》す・*著《あらわ》す

使い分け

表

・喜《よろこ》びを顔《かお》に表《あらわ》す。

現

・姿《すがた》を現《あらわ》す。

著

・伝記《でんき》を著《あらわ》す。

写《うつ》す・映《うつ》す

使い分け

写

・写真《しゃしん》を写《うつ》す。

映

・鏡《かがみ》に映《うつ》す。

・書《か》き写《うつ》す

・映画《えいが》を映《うつ》す。

送《おく》る・*贈《おく》る

使い分け

送

・宅配便《たくはいびん》で送《おく》る。

贈

・花束《はなたば》を贈《おく》る。

・見送《みおく》る

・贈《おく》り物《もの》

収《おさ》める・納《おさ》める・治《おさ》める・修《おさ》める

使い分け

収

・成功《せいこう》を収《おさ》める。

納

・税金《ぜいきん》を納《おさ》める。

治

・国《くに》を治《おさ》める。

修

・学問《がくもん》を修《おさ》める。

返《かえ》る・帰《かえ》る

使い分け

返

・落《お》とし物《もの》が返《かえ》る。

帰

・家《いえ》へ帰《かえ》る。

・帰《かえ》り道《みち》

変《か》わる・代《か》わる

使い分け

変

・色《いろ》が変《か》わる。

代

・父《ちち》の代《か》わりに訪問《ほうもん》する。

父《ちち》の代《か》わりに参《まい》りました。
ごくろうさま

切《き》る・着《き》る

使い分け

切

・野菜《やさい》を切《き》る。

・電話《でんわ》を切《き》る。

ガチャン

着

・ゆかたを着《き》る。

・服《ふく》を着《き》る。

ゲームタワー

漢字とあそぼう

低学年 漢字《かんじ》しりとり

読《よ》み方《かた》のしりとりをしながら、島《しま》めぐりをしよう。
ただし、かならず全部《ぜんぶ》の島《しま》を通《とお》ってね。

スタート
林
白
六
楽
草
空
海
力
魚
道
夏
体
池
月
北
ゴール
いろいろな読《よ》み方《かた》で、読《よ》んでみてね。

答えは、271ページ

冷《さ》ます・覚《さ》ます

使い分け

冷

・お茶《ちゃ》を冷《さ》ます。

・興奮《こうふん》を冷《さ》ます。

覚

・目《め》を覚《さ》ます。

進《すす》める・*勧《すす》める

使い分け

進

・車《くるま》を進《すす》める。

・時計《とけい》を進《すす》める。

勧

・入部《にゅうぶ》を勧《すす》める。（⇩そうするようにさそう。）

備《そな》える・供《そな》える

使い分け

備

・地《じ》しんに備《そな》える。

・備《そな》えつけのかさ。

供

・花《はな》を供《そな》える。（⇩神仏《しんぶつ》にささげる。）

立《た》つ・建《た》つ

使い分け

立

・頂上《ちょうじょう》に立《た》つ。

・立《た》ち見《み》

建

・ビルが建《た》つ。

断*《た》つ・絶《た》つ・裁*《た》つ

使い分け

断

・くさりを断《た》つ。
（⇩つづいているものを切《き》りはなす。）

絶

・連《れん》らくを絶《た》つ。
（⇩つづいているものを終《お》わらせる。）

裁

・布《ぬの》を裁《た》つ。
（⇩切《き》る。）

玉《たま》・球《たま》・弾*《たま》

使い分け

玉

・玉《たま》入《い》れ競争《きょうそう》

球

・はやい球《たま》。

弾

・鉄《てっ》ぽうの弾《たま》。

付《つ》く・着《つ》く・就*《つ》く

使い分け

付

・どろが付《つ》く。

着

・駅《えき》に着《つ》く。

就

・新《あたら》しい職《しょく》に就《つ》く。
（⇩その仕事《しごと》をする。）

努《つと》める・務《つと》める・勤《つと》める

使い分け

努

・体力《たいりょく》の向上《こうじょう》に努《つと》める。

務

・司会《しかい》を務《つと》める。
（⇩役目《やくめ》を受《う》けもつ。）

勤

・県庁《けんちょう》に勤《つと》める。

解《と》く・説《と》く

使い分け

解

・問題《もんだい》を解《と》く。

362
× 4

・解《と》き明《あ》かす

……というわけで犯《はん》人《にん》は……。
わかった！

説

急《いそ》がばまわれ
この言葉《ことば》の意味《いみ》はね……。

・意味《いみ》を説《と》く。（⇩よくわかるように説明《せつめい》する。）

整《ととの》える・＊調《ととの》える

使い分け

整

・身《み》なりを整《ととの》える。（⇩きちんとする。）

調

・家具《かぐ》を調《ととの》える。（⇩必要《ひつよう》なものをそろえる。）

直《なお》す・治《なお》す

使い分け

直

・時計《とけい》を直《なお》す。

・書《か》き直《なお》す

治

・病気《びょうき》を治《なお》す。

泣《な》く・鳴《な》く

使い分け

泣

・赤《あか》ちゃんが泣《な》く。

・泣《な》き虫《むし》

鳴

・小鳥《ことり》が鳴《な》く。

望《のぞ》む・*臨《のぞ》む

使い分け

望

・山《やま》を望《のぞ》む。（⇩遠《とお》くからながめる。）

・平和《へいわ》を望《のぞ》む。

臨

・海《うみ》に臨《のぞ》む家《いえ》。（⇩向《む》かい合《あ》う。）

・式《しき》に臨《のぞ》む。（⇩ある場所《ばしょ》に出《で》る。）

初《はじ》め・始《はじ》め

使い分け

初

・夏休《なつやす》みの初《はじ》め。

始

・仕事始《しごとはじ》め

早《はや》い・速《はや》い

使い分け

早

コケコッコー

・時間《じかん》が早《はや》い。

・早《はや》起《お》き

速

・足《あし》が速《はや》い。

・流《なが》れが速《はや》い。

交《ま》ぜる・混《ま》ぜる

使い分け

交

・トランプを交《ま》ぜる。

いっしょにしても、後《あと》で区別《くべつ》できるのが「交《ま》ぜる」だよ。

混

・絵《え》の具《ぐ》を混《ま》ぜる。

えのぐ

易《やさ》しい・*優《やさ》しい

使い分け

易

・易《やさ》しい問題《もんだい》。（⇩かんたん。わかりやすい。）

優

・優《やさ》しい言葉《ことば》をかける。

・気《き》だてが優《やさ》しい。

敗《やぶ》れる・破《やぶ》れる

使い分け

敗

・試合《しあい》に敗《やぶ》れる。

・優勝《ゆうしょう》の夢《ゆめ》が破《やぶ》れる。

破

・ふくろが破《やぶ》れる。

ゲームタワー

漢字とあそぼう

高 学年
パラシュート部隊《ぶたい》
① 税金《ぜいきん》を□《おさ》める。
② 議長《ぎちょう》を□《つと》める。
③ □《あつ》い湯《ゆ》をそそぐ。
暑 キ
修 ア
務 ク
納 エ
熱 イ
努 ケ
勤 オ
収 ウ
治 コ
厚 カ
空《そら》からおりてきたパラシュート部隊《ぶたい》。①～③は、それぞれア～コのどこにおりるのかな？
ニュース

答えは、271ページ

キャプテンカンジーの

漢字《かんじ》らく楽らく楽暗記《あんき》 3

♣ここでは、4年《ねん》・5年《ねん》で習《なら》う漢字《かんじ》の中《なか》からえらんだ30字《じ》の漢字《かんじ》のおぼえ方《かた》をしょうかいします。

〈注〉見出《みだ》しの漢字《かんじ》の下《した》のカタカナは音読《おんよ》み、ひらがなは訓読《くんよ》みです。訓読《くんよ》みの青字《あおじ》は送《おく》りがなです。

胃

・イ
・―

♪田《た》んぼにうつる
お月《つき》さま、
胃《い》がじょうぶ♪

・胃《い》の調子《ちょうし》がよくない。
・胃腸薬《いちょうやく》を飲《の》む。

貨

・カ
・―

♪イヒ《いひ》!
貝《かい》が金貨《きんか》に
ばけたよ♪

・貨物列車《かもつれっしゃ》が通《とお》る。
・銀貨《ぎんか》をもらった。

願

・ガン
・ねがう

♪原《はら》っぱで
一《ひと》つノ貝《のかい》に
願《ねが》いをかける♪

・念願《ねんがん》のパソコンを買《か》った。
・願《ねが》いごとがかなう。

＊は、中学校《ちゅうがっこう》以上《いじょう》で習《なら》う音読《おんよ》み・訓読《くんよ》み。

漁

・ギョ／リョウ
・——

♪みず（氵）と
魚《さかな》は、
漁師《りょうし》の命《いのち》♪

・漁業《ぎょぎょう》がさかんな町《まち》。
・大漁《たいりょう》の旗《はた》が風《かぜ》になびく。

競

・キョウ／ケイ
・*きそう／*せる

♪立《た》った兄《にい》さん
二人《ふたり》ならんで
競走《きょうそう》だ♪

・広《ひろ》い競技場《きょうぎじょう》。
・友達《ともだち》と暗算《あんざん》の競争《きょうそう》をした。
・競馬《けいば》で優勝《ゆうしょう》した馬《うま》。

景

・ケイ
・——

♪日《ひ》が
のぼった
京都《きょうと》の
風景《ふうけい》♪

・ここから見《み》る港《みなと》の夜《や》景《けい》はすばらしい。
・景気《けいき》がよくなる。

健

・ケン
・すこ*やか

♪ひと(イ)が
建《た》てた家《いえ》で
健康《けんこう》に♪

・健全《けんぜん》な心《こころ》と体《からだ》をつくる。
・保健室《ほけんしつ》で休《やす》む。

功

・コウ／ク*
・——

♪工作《こうさく》に
力《ちから》を入れて
成功《せいこう》する♪

・大《おお》きな功績《こうせき》をのこす。
・世界平和《せかいへいわ》に功労《こうろう》のあった人《ひと》。

好

・コウ
・このむ／すく

♪女《おんな》の子《こ》
好《す》きと言《い》って
みようかな♪

・チーズは、兄《あに》の好物《こうぶつ》だ。
・好《す》ききらいのはげしい人《ひと》。

最

・サイ
・もっと(も)

♪お日《ひ》さまが
取《と》れたら、
最高《さいこう》！♪

・列《れつ》の最後《さいご》にならぶ。
・世界《せかい》で最《もっと》も人口《じんこう》の多《おお》い国《くに》。

冂 旦 早 旱 昰 最 最

材

・ザイ
・――

♪この木《き》は
何才《なんさい》で
木材《もくざい》に？♪

一 十 才 木 木 村 材

・工作《こうさく》の材料《ざいりょう》を買《か》う。
・作文《さくぶん》の題材《だいざい》を集《あつ》める。
・学級新聞《がっきゅうしんぶん》の取材《しゅざい》に市場《いちば》に行《い》った。

士

・シ
・――

♪土《つち》の下《した》、
短《みじか》く切《き》ろうと
武士《ぶし》が言《い》う♪

一 十 士

・力士《りきし》の土俵入《どひょうい》り。
・おじさんは、医学博《いがくはく》士《し》として有名《ゆうめい》だ。
・地下鉄《ちかてつ》の運転士《うんてんし》。

祝

・シュク／シュウ*
・いわう

♪ネ《ね》、兄《にい》さん、
お祝《いわ》いしようよ
誕生日《たんじょうび》♪

・あしたは祝日《しゅくじつ》で休《やす》みだ。
・七五三《しちごさん》のお祝《いわ》いをする。

ラ　ネ　ネ　ネ口　ネ口　ネ兄　祝

初

・ショ
・はじめ／はじめて／はつ／うい*／そめる*

♪ころも（ネ《ね》）着《き》て
刀《かたな》をさして
初《はっ》いくさ♪

・初夏《しょか》の日《ひ》ざしがまぶしい。
・初孫《はつまご》が生《う》まれる。

丶　ラ　ネ　ネ　ネ　初　初

唱

・ショウ
・となえる

♪口《くち》そろえ
日《ひ》に日《ひ》に
合唱《がっしょう》うまくなる♪

・おぼえた詩《し》を暗唱《あんしょう》する。
・念仏《ねんぶつ》を唱《とな》える。

丨　ロ　口　口口　口日　唱　唱

信

・シン
・—

♪ひと(亻)の
言《い》うこと
信《しん》じよう♪

・信号《しんごう》が赤《あか》にかわる。
・あの人《ひと》は、信用《しんよう》できる。

亻 亻 仁 仨 信 信 信

清

・セイ／ショウ*
・きよい／きよまる／きよめる

♪みず(氵)は
青《あお》く
清《きよ》らかに流《なが》れる♪

・文章《ぶんしょう》を清書《せいしょ》する。
・台所《だいどころ》を清潔《せいけつ》に保《たも》つ。
・この川魚《かわざかな》は、清流《せいりゅう》にしかすまない。

氵 氵 汁 洼 清 清 清

働

・ドウ
・はたらく

♪ひと(亻)が
動《うご》いて
働《はたら》き者《もの》♪

・労働《ろうどう》にはげむ。
・働《はたら》き手《て》が少《すく》ない。

亻 仁 佰 俥 俥 働 働

粉

・フン
・こ／こな

♪米《こめ》つぶを
分《わ》けてつぶして
粉《こな》にする♪

・すぎの花粉《かふん》がとぶ。
・小麦粉《こむぎこ》を使《つか》ってパンを作《つく》る。
・ビスケットが粉々《こなごな》にくだける。

丶 丷 半 米 米八 粉 粉

勇

・ユウ
・いさむ

♪マ、
男《おとこ》らしい
勇《いさ》ましい♪

・木村君《きむらくん》は、とても勇気《ゆうき》がある。
・最後《さいご》まで勇《ゆう》かんにたたかう。

乛 マ 丙 丙 甬 勇 勇

永

・エイ
・ながい

♪水《みず》のぼう（亅）、
てん（丶）つけ曲《ま》げれば（㇆）
永遠《えいえん》に♪

・永久《えいきゅう》の平和《へいわ》をねがう。
・末永《すえなが》くお幸《しあわ》せに。

丶 亅 刁 永 永

仮

・カ／ケ*
・かり

♪ひと(イ)に反対《はんたい》されると仮定《かてい》する♪

もし……
反対!!
反対!!

・仮装行列《かそうぎょうれつ》が通《とお》る。
・仮《かり》にもうそは言《い》うべきでない。

解

・カイ／ゲ*
・とく／とかす／とける

♪角《つの》を刀《かたな》で切《き》られた牛《うし》を解放《かいほう》する♪

・ミニカーを分解《ぶんかい》する。
・正解者《せいかいしゃ》は一人《ひとり》もいなかった。
・解答用紙《かいとうようし》を配《くば》る。

規

・キ
・―

♪二人《ふたり》(夫)で見《み》るのが規則《きそく》だよ♪

・けんかしない
・仲良《なかよ》く

・規約《きやく》を守《まも》る。
・交通《こうつう》が規制《きせい》される。
・三角定規《さんかくじょうぎ》を使《つか》って図《ず》をかく。

群

・グン
・むれる／むれ／むら

♪君《きみ》の
羊《ひつじ》の群《む》れは
どこ?♪

・海中《かいちゅう》で魚《さかな》の大群《たいぐん》を見《み》つける。
・人々《ひとびと》が群《むら》がり集《あつ》まる。

フ ヨ 尹 君 君' 群 群

件

・ケン
・—

♪ひと(イ)が
牛《うし》にかみつく
大事件《だいじけん》♪

・用件《ようけん》を手短《てみじか》に話《はな》す。
・条件《じょうけん》をはっきりしめす。

ノ イ 亻' 仁 件 件

現

・ゲン
・あらわれる／あらわす

♪王様《おうさま》の
見《み》ている前《まえ》に
現《あらわ》れる♪

・気持《きも》ちを文《ぶん》に表現《ひょうげん》する。
・事故《じこ》の現場《げんば》に行《い》く。

T 王 王' 玑 玥 現 現

志

・シ
・こころざす／こころざし

♪武士《ぶし》の
心《こころ》を
志《こころざ》す♪

・志望校《しぼうこう》に合格《ごうかく》する。
・兄《あに》はとても意志《いし》が強《つよ》い。

一 十 士 … 志

招

・ショウ
・まねく

♪手《て》(扌)に
刀《かたな》、口《くち》で
人《ひと》を招《まね》く♪

・招待状《しょうたいじょう》を出《だ》す。
・母《はは》が弟《おとうと》を手招《てまね》きしている。

一 扌 … 招

証

・ショウ
・—

♪言《い》うことが
正《ただ》しいことを
証明《しょうめい》する♪

・無実《むじつ》を証明《しょうめい》する。
・卒業証書《そつぎょうしょうしょ》をもらう。
・身分《みぶん》を保証《ほしょう》する。

言 訂 … 証

ゲームタワー

漢字とあそぼう

中学年 画数《かくすう》パズル

★?に入《はい》る漢数字《かんすうじ》は？

〈例《れい》〉

一→七→三→五→?

答《こた》えは、「四《よん》」!! なぜって？ 漢字《かんじ》の画数《かくすう》が、一1→七2→三3→五4→四5と、一画《いっかく》ずつふえているよ。同《おな》じように、下《した》の①〜③も、?に合《あ》う漢字《かんじ》を左《ひだり》のリンゴからえらんでね。

① 力→公→西→雨→?

② 一→切→売→庭→?

③ 一→女→虫→弱→?

答えは、271ページ

形《かたち》のにている漢字《かんじ》

カンジー 次《つぎ》の探検《たんけん》は なあに？
あれ？ カンジー 何《なに》してんの？
日記《にっき》を読《よ》んでいたら、また ジュリアのことを思《おも》い出《だ》してしまった。
うぅ、
カンジーの日記《にっき》
ジュリアさんって カンジーが「氷辺《べ》の鳥《とり》」って 書《か》いてフラれちゃった人《ひと》ね！
125ページを見《み》るとわかるよ。
アチョはおぼえていまチュ。
ザザー
初恋《はつこい》とはせつないものだ…。
水→みず 氷→こおり 点一《てんひと》つで意味《いみ》が全《まった》くちがうのよね。
うん。
漢字《かんじ》は一字一字《いちじいちじ》が意味《いみ》をもつ文字《もじ》だから、うっかりミスは禁物《きんもつ》だな！
そうだ！ いつまでもメソメソしてはいられない。きみたちによいテストがあるのだ。
ちょっと この部屋《へや》に入《はい》ってみなさい。
ガチャ
？

こ、これは？
①
守
②
字
③
学
これは、わたしの父《ちち》と、おじいさん、そしてわたし自身《じしん》の写真《しゃしん》だ！

カンジーの家族《かぞく》ってみんなそっくりね。

そうだ！さて、何番《なんばん》の写真《しゃしん》がわたし自身《じしん》かわかるかな？

う～ん、ここまでにてるとだれがだれやら…。

頭《あたま》がいたいでチュー。

！

そっか！わかったわ！

ポン
ぼうしの文字《もじ》が決《き》めてなのよ！注意《ちゅうい》して見《み》ればみんなちがうわ！

正解《せいかい》は、②番《ばん》。

な、なんで？

さすが読子《よみこ》ちゃん！にた漢字《かんじ》を区別《くべつ》するには、その特徴《とくちょう》に目《め》を向《む》けることが大事《だいじ》なのだ！

これからの探検《たんけん》でしっかり身《み》につけていこう！

〈注《ちゅう》〉見出《みだ》しの漢字《かんじ》のカタカナは音読《おんよ》み、ひらがなは訓読《くんよ》みです。▼は漢字《かんじ》の意味《いみ》です。

委

おん イ
くん ゆだねる

▼人《ひと》にまかせる。

えっ、ぼくがクラス委員《いいん》!?
クラスはあなたにまかせるわ。

季

おん キ
くん ——

▼春《はる》・夏《なつ》・秋《あき》・冬《ふゆ》のそれぞれの時期《じき》。

春《はる》・夏《なつ》・秋《あき》・冬《ふゆ》の四《よっ》つで四季《しき》だね。

因

おん イン
くん *よる

▼ものごとの起《お》こるもと。

困

おん コン
くん こまる

▼苦《くる》しみなやむ。

イテテテ…
練習不足《れんしゅうぶそく》が原因《げんいん》の失敗《しっぱい》だな。
明日試合《あすしあい》だというのに、困《こま》ったな…。

間

おん カン・ケン
くん あいだ・ま

▼あいだ。すきま。へや。

間《ま》もなく父《ちち》がまいります。
客《きゃく》間《ま》

問

おん モン
くん とう・とい・とん

▼ききただす。人《ひと》をたずねて行《い》く。

先生《せんせい》の作品《さくひん》についてご質問《しつもん》いたします。
訪問《ほうもん》

考

おん コウ
くん かんがえる

▼かんがえる。しらべる。

参考書コーナー
よく考《かんが》えてえらぶのよ。

孝

おん コウ
くん ―

▼親《おや》や祖先《そせん》をたいせつにすること。

たまには親《おや》孝行《こうこう》しないとね。

官

おん カン
くん ―

▼役人《やくにん》。体《からだ》のいろいろなはたらきをする部分《ぶぶん》。

ぼくの夢《ゆめ》は外交官《がいこうかん》だ！

宮

おん キュウ・グウ*・ク*
くん みや

▼天皇《てんのう》のすまい。神社《じんじゃ》。

お宮参り《みやまいり》

貨

おん カ
くん ―

▼お金《かね》。品物《しなもの》。

貸

おん タイ*
くん かす

▼自分《じぶん》のものを人《ひと》に使《つか》わせる。

賃

おん チン
くん ―

▼労働《ろうどう》に対《たい》してしはらうお金《かね》。

金貨《きんか》だ！
貸《か》してあげる。
運賃《うんちん》

科

おん カ
くん ―
▼区分《くわ》けしたもの。罪《つみ》。あやまち。

ぼく、理科《りか》が大好《だいす》き！
未来《みらい》の科学者《かがくしゃ》ね！

料

おん リョウ
くん ―
▼代金《だいきん》。もとになるもの。

今日《きょう》はフランス料理《りょうり》です。
材料《ざいりょう》をメモしておかなきゃ。

郡

おん グン
くん ―
▼市以外《しいがい》の地《ち》いき。

ここから○×郡《ぐん》だ。

群

おん グン
くん むれる・むれ・むら
▼集《あつ》まる。集《あつ》まり。

・羊《ひつじ》の群《む》れ。

スズメバチの大群《たいぐん》だ！

検

おん ケン
くん ――

▼しらべる。

険

おん ケン
くん けわしい

▼けわしい。あぶない。とげとげしい。

験

おん ケン・ゲン*
くん ――

▼たしかめる。ききめ。

・視《し》力《りょく》検《けん》査《さ》

危《き》険《けん》

・実《じっ》験《けん》

快

おん カイ
くん こころよい

▼気《き》持《も》ちがよい。病《びょう》気《き》がなおる。

快《かい》適《てき》な朝《あさ》だわ！
風《かぜ》が快《こころよ》い。

決

おん ケツ
くん きめる
きまる

▼きめる。きまる。

早《はや》く優《ゆう》勝《しょう》を決《き》めよう！

ぼくの名字《みょうじ》をローマ字《じ》で書《か》くとこうさ。
やまだ
YAMADA
山田

字

おん ジ
くん *あざ

▼もじ。市町村《しちょうそん》の中《なか》の小《ちい》さな区《く》いき。

宇宙《うちゅう》のはてには何《なに》があるのかしら?

宇

おん ウ
くん ―

▼天《てん》。空《そら》。

この市《し》には市場《いちば》が多《おお》いわね。
○○市場

市

おん シ
くん いち

▼人《ひと》の多《おお》いにぎやかな所《ところ》。いちば。町《まち》より大《おお》きい区《く》いき。

ひなんされている方《かた》に配布《はいふ》します。

・毛布《もうふ》

布

おん フ
くん ぬの

▼ぬの。広《ひろ》くいきわたらせる。

ゲームタワー

漢字とあそぼう

中学年

地下《ちか》通路《つうろ》を脱出《だっしゅつ》せよ

□にあてはまるほうの漢字《かんじ》を選《えら》んで進《すす》もう。二分以内《にふんいない》に脱出《だっしゅつ》できるかな？

スタート！

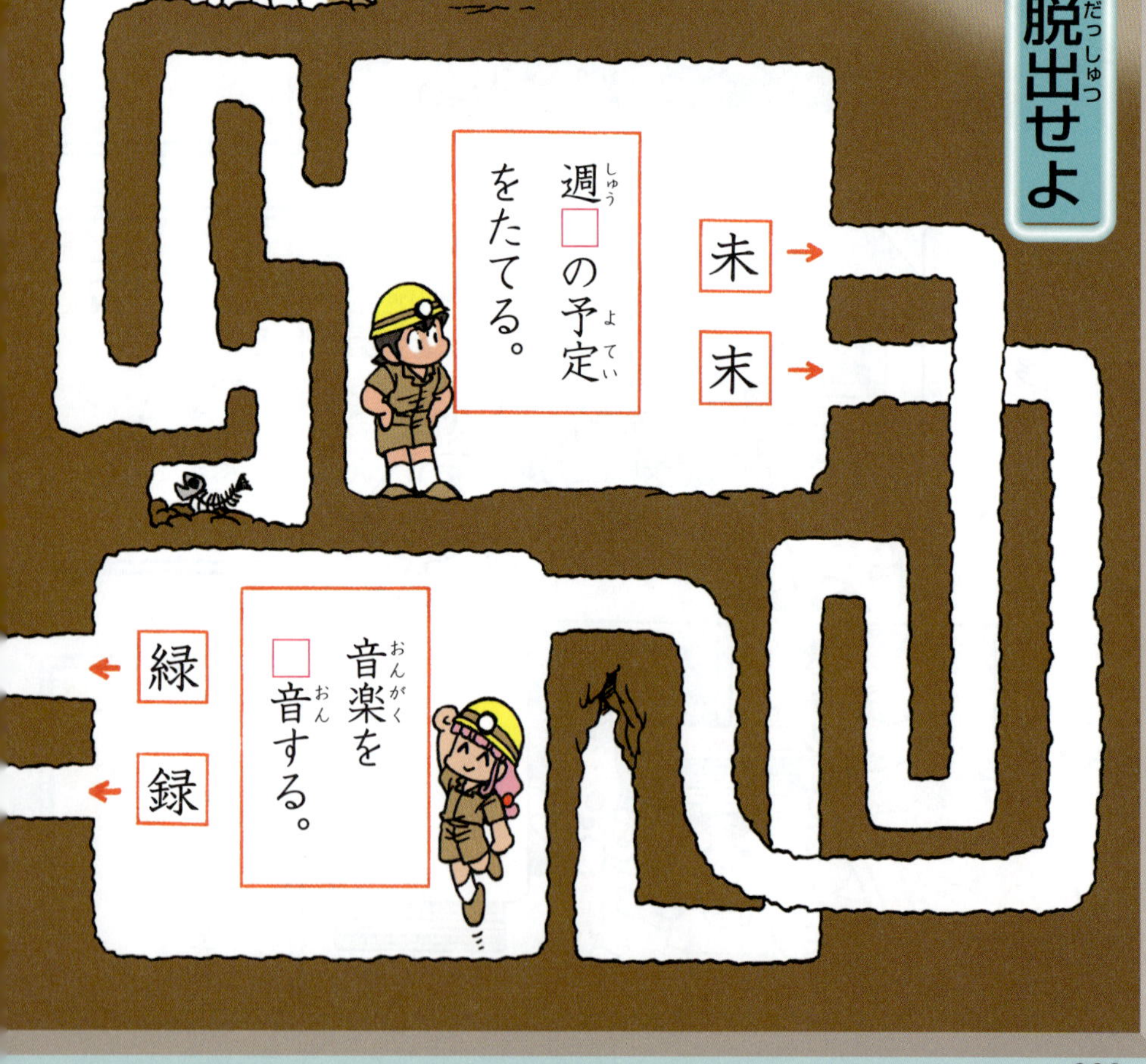
週《しゅう》□の予定《よてい》をたてる。
未
末
音楽《おんがく》を□音《おん》する。
緑
録

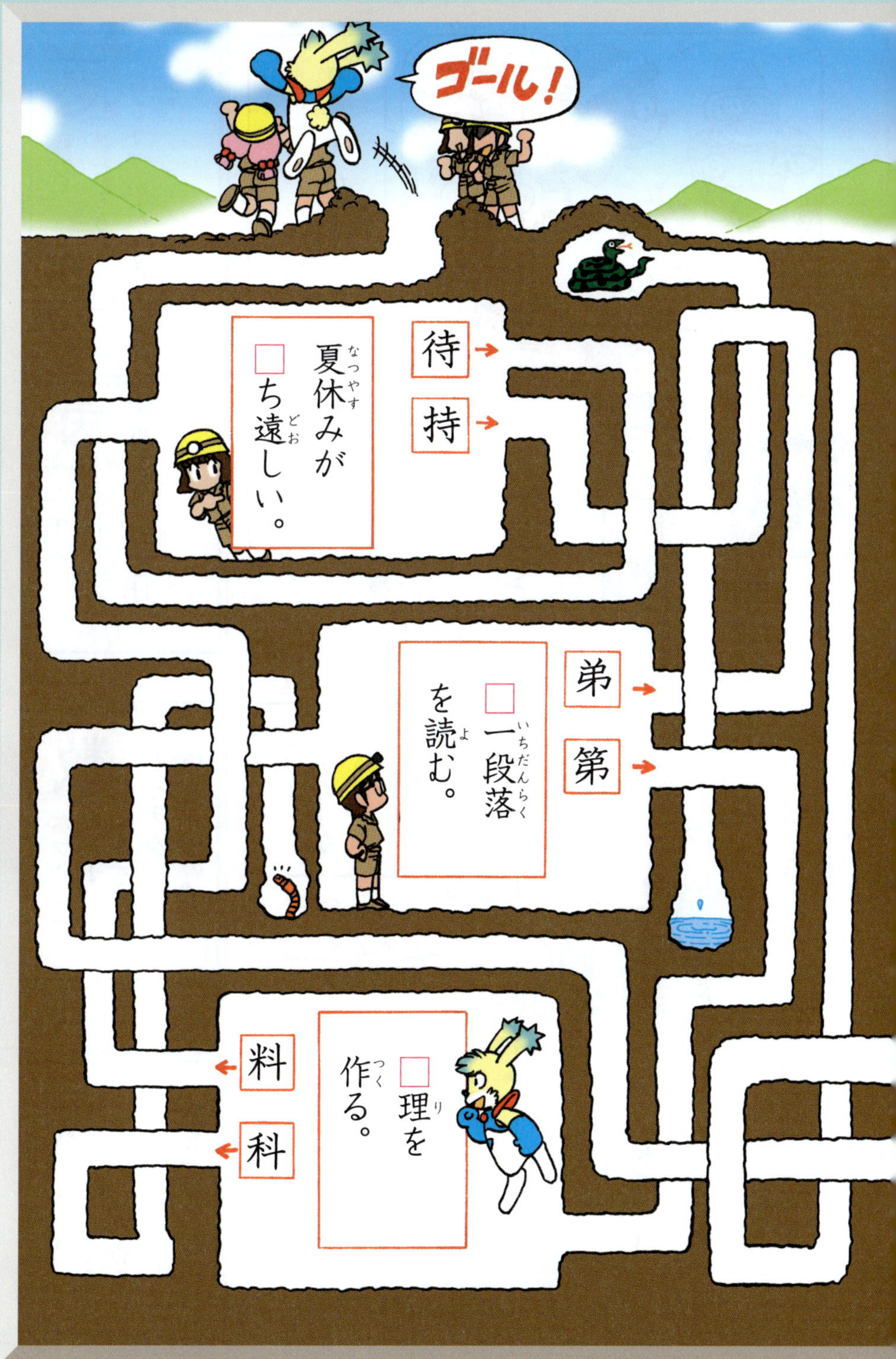
ゴール！
待
持
夏休《なつやす》みが□ち遠《どお》しい。
弟
第
□一段落《いちだんらく》を読《よ》む。
料
科
□理《り》を作《つく》る。

 答えは、271ページ

思

おん シ
くん おもう

▼おもう。かんがえる。

思《おも》い出《で》がいっぱい。何《なに》書《か》こうかな?

恩

おん オン
くん ――

▼めぐみ。なさけ。

お父《とう》さんの恩師《おんし》だって。
こわそう!

数

おん スウ・ス*
くん かず・かぞえる

▼かぞえる。かず。いくつかの。

あら数《かず》がたりないわ?
ぼくのおなかに入《はい》ってしまったからね。

教

おん キョウ
くん おしえる・おそわる

▼おしえる。おしえ。宗教《しゅうきょう》。

プロポーズの言葉《ことば》を教《おし》えて!

拾

おん ＊シュウ・＊ジュウ
くん ひろう

▼ひろう。まとめる。数《かず》の「十」。

捨

おん シャ
くん すてる

▼すてる。お寺《てら》などにきふする。

ポイ！
捨《す》てる人《ひと》あれば…
コロコロ
拾《ひろ》う人《ひと》あり！

住

おん ジュウ
くん すむ・すまう

▼すむ。すまい。

往

おん オウ
くん ―

▼行《い》く。すぎさったこと。しばしば。

住《じゅう》宅《たく》展《てん》示《じ》場《じょう》
この家《いえ》に住《す》みたあい！

まだ車《くるま》の往《おう》来《らい》がはげしいからあとでわたろう。
あのネコ、何回《なんかい》もこの道《みち》を往復《おうふく》しているな。

積

おん セキ
くん つむ・つもる
▼つみかさなる。大《おお》きさや広《ひろ》さ。

績

おん セキ
くん ——
▼つむぐ。仕事《しごと》のできばえ。

卒

おん ソツ
くん ——
▼終《お》わる。とつぜん。

・卒業《そつぎょう》

・新《しん》卒《そつ》社員《しゃいん》

率

おん ソツ・リツ*
くん ひきいる
▼ひきつれる。

・園児《えんじ》を率《ひき》いる。

則

おん ソク
くん ――

▼きまり。さだめ。

側

おん ソク
くん がわ

▼ものの一面《いちめん》。そば。

測

おん ソク
くん はかる

▼深《ふか》さや長《なが》さなどを調《しら》べる。おしはかる。

反則《はんそく》だ！
外側《そとがわ》
内側《うちがわ》
体重測定《たいじゅうそくてい》
この器械《きかい》こわれてるわ！
そうかな。

仕

おん シ・ジ*
くん つかえる

▼人《ひと》につかえる。何《なに》かをする。

最終《さいしゅう》の仕上《しあ》げだ！

任

おん ニン
くん まかせる
まかす

▼仕事《しごと》や役目《やくめ》を引《ひ》き受《う》ける。まかせる。

おまえに任《まか》せる。すきにやれ。
責任重大《せきにんじゅうだい》だなあ～。

朝

おん チョウ
くん あさ

▼あさ。天皇《てんのう》や王《おう》が政治《せいじ》を行《おこな》う所《ところ》。

朝《あさ》よ、起《お》きて！
早朝《そうちょう》マラソンするんでしょ！

期

おん キ・ゴ*
くん —

▼決《き》まった日時《にちじ》。あてにする。

公《こう》演《えん》延《えん》期《き》
期待《きたい》してたのに…

着

おん チャク・ジャク*
くん きる・きせる・つく・つける

▼体《からだ》につける。くっつく。ゆきつく。

今《いま》、着《つ》いたよ。

看

おん カン
くん —

▼見守《みまも》る。見《み》はる。

よく看病《かんびょう》していただいてるんじゃ。

徒

おん ト
くん ―

▼歩《ある》く。むだ。でし。

湖《みずうみ》を見《み》にいかない？
ぼくらは徒《と》歩《ほ》で見《み》にいくよ。

従

おん ジュウ・*ショウ・*ジュ
くん したがう したがえる

▼言《い》いなりになる。ついていく。家来《けらい》。

ぼくの言《い》うことに従《したが》ってください。
は〜い！
従順《じゅうじゅん》な態度《たいど》ね。

帳

おん チョウ
くん ―

▼はりめぐらす。まく。ノート。

そこにあるメモ帳《ちょう》取《と》って〜！
電話帳《でんわちょう》ならあるけど…。
電話帳

張

おん チョウ
くん はる

▼広《ひろ》げる。言《い》いはる。

胸《むね》を張《は》ってどうどうとしなきゃ。
面接試験《めんせつしけん》にかなり緊張《きんちょう》しているな。

熱
おん ネツ
くん あつい
▼ものの温度《おんど》が高《たか》い。心《こころ》をうちこむ。

・熱中《ねっちゅう》

このゲームおもしろ~い!
勉強《べんきょう》もこれくらい熱心《ねっしん》ならね――。

熟
おん ジュク
くん ＊うれる
▼十分《じゅうぶん》に、にえる。十分《じゅうぶん》に育《そだ》つ。なれてじょうずになる。

半熟《はんじゅく》たまごって、むずかしい!
料理《りょうり》はまだまだ未熟《みじゅく》ね。

復
おん フク
くん ―
▼もどる。くりかえす。しかえしする。

腹
おん フク
くん はら
▼おなか。心《こころ》の中《なか》。ものの中《なか》ほど。

複
おん フク
くん ―
▼かさなる。かさねる。二《ふた》つ以上《いじょう》の。

・回復《かいふく》

熱《ねつ》が下《さ》がったわ。

・空腹《くうふく》

グー

・複製《ふくせい》

粉

(おん) フン
(くん) こ・こな
▼ものを細《こま》かくくだいたもの。こな。

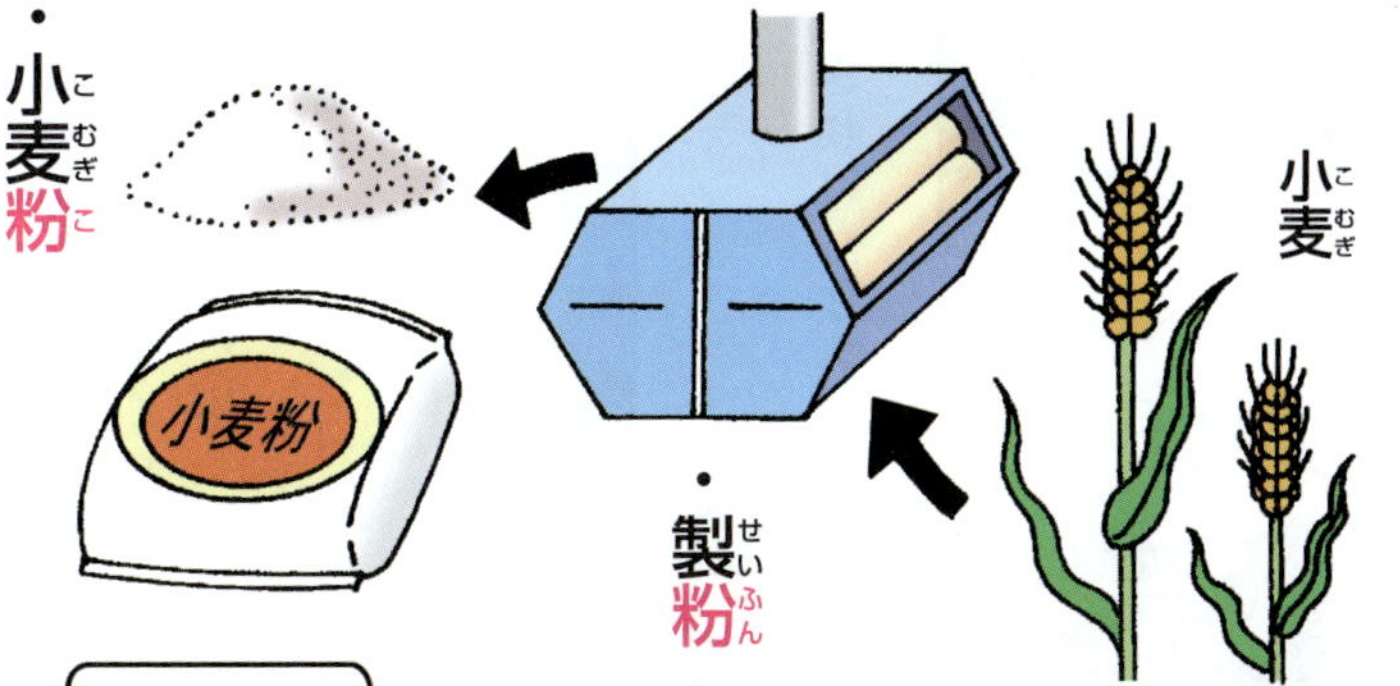

小麦《こむぎ》
製《せい》粉《ふん》
小麦粉
小麦《こむぎ》粉《こ》

紛*

(おん) フン
(くん) まぎれる・まぎらす・まぎらわす・まぎらわしい
▼まぎれる。もつれる。

人《ひと》ごみに紛《まぎ》れよう！

民

(おん) ミン
(くん) たみ*
▼いっぱんの人々《ひとびと》。

民《みん》族《ぞく》衣《い》装《しょう》

氏

(おん) シ
(くん) うじ*
▼名字《みょうじ》。同《おな》じ血《ち》すじの人《ひと》。

△△氏《し》のおじょうさんか。
「…氏《し》」は、相手《あいて》の名前《なまえ》の下《した》につけて、うやまう気持《きも》ちを表《あらわ》す言葉《ことば》だよ。

緑

おん リョク・ロク*
くん みどり

▼みどり。みどり色《いろ》。

緑《みどり》がきれいだなあ。
緑茶《りょくちゃ》、おいしいね。

録

おん ロク
くん ―

▼書《か》きしるす。うつしとる。

成長《せいちょう》の記録《きろく》に録画《ろくが》しておこう。

輪

おん リン
くん わ

▼車《くるま》のわ。もののまわり。順番《じゅんばん》にする。

・三輪車《さんりんしゃ》
・輪《わ》投《な》げ

輸

おん ユ
くん ―

▼ほかの所《ところ》へ運《はこ》ぶ。

・輸出《ゆしゅつ》
・輸入《にゅう》

キャプテン カンジーの
漢字《かんじ》らく楽らく楽暗記《あんき》 4

♣ここでは、5年《ねん》・6年《ねん》で習《なら》う漢字《かんじ》の中《なか》からえらんだ30字《じ》の漢字《かんじ》のおぼえ方《かた》をしょうかいします。

〈注《ちゅう》〉見出《みだ》しの漢字《かんじ》の下《した》のカタカナは音読《おんよ》み、ひらがなは訓読《くんよ》みです。訓読《くんよ》みの青字《あおじ》は送《おく》りがなです。

舌

・ゼツ*
・した

♪千《せん》の口《くち》
だれの舌《した》にも
合《あ》う料理《りょうり》♪

・舌《した》ざわりのいい食《た》べ物《もの》。
・郷土料理《きょうどりょうり》に舌《した》つづみをうつ。

ノ 二 千 千 舌 舌

絶

・ゼツ
・たえる／たやす／たつ

♪糸《いと》の色《いろ》は
絶対《ぜったい》に
白《しろ》♪

・国交《こっこう》が断絶《だんぜつ》する。
・気絶《きぜつ》してその場《ば》にたおれる。

く 幺 糸 糸 糸 絶 絶

貸

・タイ*
・かす

♪代《か》わりに
貝《かい》を
貸《か》してくれ♪

・貸《か》し切《き》りバスで行《い》く。
・この家《いえ》は貸《か》し家《や》になっている。

亻 亻 代 代 代 貸 貸

*は、中学校以上《ちゅうがっこういじょう》で習《なら》う音読《おんよ》み・訓読《くんよ》み。

張

・チョウ
・はる

♪弓《ゆみ》のつる
長《なが》く張《は》って
きん張《ちょう》する♪

フ　コ　弓　引　弫　弫　張

・自分《じぶん》の意見《いけん》を主張《しゅちょう》する。
・ものかげから見張《みは》る。

独

・ドク
・ひとり

♪けもの（犭）も
虫《むし》も
独《ひと》りぼっち♪

ノ　犭　犭　犭口　犭中　独　独

・独立《どくりつ》したばかりの国《くに》。
・おじは、独身《どくしん》だ。
・ピアノの独奏《どくそう》をきく。

破

・ハ
・やぶる／やぶれる

♪石《いし》がぶつかり
皮《かわ》が
破《やぶ》れる♪

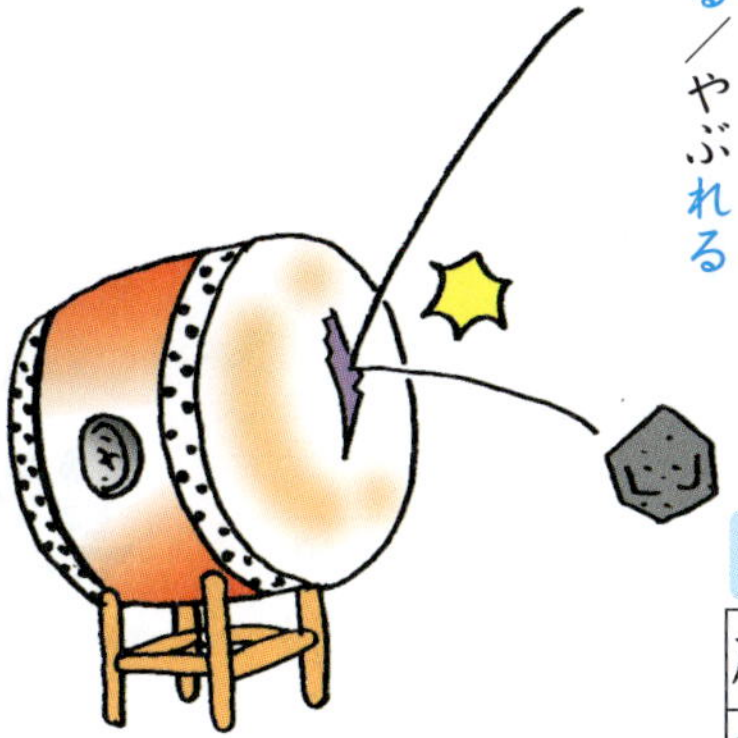

ア　石　石　石厂　矿　破　破

・ガラスの破《は》へんで指《ゆび》を切《き》った。
・破《やぶ》れかぶれになってはいけない。

貧

・ヒン／ビン*
・まずしい

♪分《わ》けた貝《かい》、
貧《まず》しい人《ひと》に
あげましょう♪

・貧《びん》ぼうな暮《く》らし。
・貧富《ひんぷ》の差《さ》が大《おお》きい国《くに》。

保

・ホ
・たもつ

♪イロ《いろ》んな木《き》
植《う》えて自然《しぜん》を
保《たも》ちましょう♪

・保育園《ほいくえん》の保育士《ほいくし》さんになりたい。
・保存食品《ほぞんしょくひん》を買《か》いこむ。

豊

・ホウ
・ゆたか

♪曲《ま》がっても
豆《まめ》が豊《ゆた》かに
実《みの》りゃいい♪

・知識《ちしき》が豊富《ほうふ》な人《ひと》。
・豊作《ほうさく》をいのるお祭《まつ》り。

暴

・ボウ／バク*
・*あばく／あばれる

♪日《ひ》と共《とも》に
水《みず》（氺）が暴《あば》れる
大《だい》こう水《ずい》♪

・はげしい暴風雨《ぼうふうう》になった。
・乱暴《らんぼう》なふるまいをする。

曰 昇 昱 異 昪 暴 暴

映

・エイ
・*うつる／うつす／はえる

♪お日《ひ》さまが
池《いけ》の中央《ちゅうおう》に
映《うつ》ってる♪

・映画《えいが》を見《み》に行《い》く。
・みんなの意見《いけん》を反映《はんえい》させる。
・美《うつく》しい映像《えいぞう》の画面《がめん》。

冂 日 日 旪 旪 映 映

灰

・カイ*
・はい

♪がけ（厂）の下《した》
火《ひ》がもえ
みんな灰《はい》になる
♪

・灰色《はいいろ》の空《そら》が広《ひろ》がる。
・火山灰《かざんばい》が積《つ》もる。
・ガラスの灰皿《はいざら》。

一 厂 仄 仄 灰 灰

拡

・カク
・—

♪手《て》(扌)を
広《ひろ》げて
拡大《かくだい》しよう♪

・道路《どうろ》の拡張工事《かくちょうこうじ》が始《はじ》まる。
・拡大図《かくだいず》をかいてしめす。

一 十 扌 扩 扩 拡 拡

貴

・キ
・＊たっとい／＊とうとい／＊たっとぶ／＊とうとぶ

♪中《なか》でも
一《いち》ばん
貝《かい》が貴重《きちょう》♪

この世で
たったこつ
の貝!!

・貴重品《きちょうひん》を受付《うけつけ》にあずける。
・昔《むかし》の貴族《きぞく》のくらしを調《しら》べる。

口 口 中 虫 冑 胄 貴

穴

・ケツ＊
・あな

♪やね(宀)に
八《やっ》つの
穴《あな》があく♪

・ほら穴《あな》の中《なか》に入《はい》る。
・ふし穴《あな》からのぞく。

丶 丷 宀 穴 穴

源

・ゲン
・みなもと

♪みず（氵）の
わき出《で》る原《はら》っぱが、
この川《かわ》の源《みなもと》♪

・資源《しげん》を大切《たいせつ》に使《つか》う。
・エアコンの電源《でんげん》を入《い》れる。

砂

・サ／＊シャ
・すな

♪石《いし》が少《すく》ない
砂《すな》はまが
広《ひろ》がる♪

・砂《さ》ばくにすむ生《い》き物《もの》。
・砂場《すなば》で遊《あそ》ぶ。
・大雨《おおあめ》で土砂《どしゃ》くずれが起《お》きた。

姿

・シ
・すがた

♪次《つぎ》の
女《おんな》の子《こ》は
どんな姿《すがた》？♪

・姿勢《しせい》をよくする。
・受賞《じゅしょう》した友人《ゆうじん》の晴《は》れ姿《すがた》をビデオにとる。
・兄《あに》の後《うし》ろ姿《すがた》を見送《みおく》る。

視

・シ
・―

♪ネ《ね》、見《み》える？
きみの視力《しりょく》は
どれくらい♪

・市長《しちょう》が工場《こうじょう》を視察《しさつ》する。
・きりのため視界《しかい》が悪《わる》い。

ラ ネ ネ 礻口 祀 視 視

若

・*ジャク／*ニャク
・わかい／*もしくは

♪くさ（艹）を
右手《みぎて》に持《も》つ
若者《わかもの》♪

・緑《みどり》の若葉《わかば》が風《かぜ》にそよぐ。
・老若男女《ろうにゃくなんにょ》が一堂《いちどう》に集《あつ》まる。

一 艹 艹 芀 若 若 若

縮

・シュク
・ちぢむ／ちぢまる／ちぢめる／ちぢれる／ちぢらす

♪毛糸《けいと》のセーター
宿《やど》であらって
縮《ちぢ》んじゃった♪

・コピーを使《つか》って縮小《しゅくしょう》する。
・授業《じゅぎょう》を短縮《たんしゅく》する。

幺 糸 紵 紵 縮 縮 縮

署

・ショ
・―

♪よ（罒）人《にん》の
者《もの》が
署名《しょめい》する♪

・警察署《けいさつしょ》の新《あたら》しい署長《しょちょう》。
・消防署《しょうぼうしょ》の署員《しょいん》。

冂 罒 罒 罜 罗 署 署

針

・シン
・はり

♪この金《かね》で
十本《じっぽん》の
針《はり》を作る♪

𠆢 亽 今 余 金 金 針

・船《ふね》の針路《しんろ》をかえる。
・すぎの木《き》は、針葉樹《しんようじゅ》のなかまだ。
・針《はり》の穴《あな》に糸《いと》を通《とお》す。

泉

・セン
・いずみ

♪白《しろ》い水《みず》が
わき出《で》る
森《もり》の泉《いずみ》♪

丿 白 白 皁 皁 泉 泉

・家族《かぞく》で温泉《おんせん》に行《い》く。
・父《ちち》のスタミナの源泉《げんせん》は、スポーツだ。
・泉《いずみ》のほとりにさく花《はな》。

洗

・セン
・あらう

♪すりきずは
みず(氵)で
先《さき》に洗《あら》いましょう♪

・洗《せん》たく物《もの》をベランダにほす。
・洗面所《せんめんじょ》で顔《かお》を洗《あら》う。

奏

・ソウ
・*かなでる

♪三人《さんにん》と
二人《ふたり》で
演奏《えんそう》する♪

・フルートの演奏《えんそう》をきく。
・クラス全員《ぜんいん》で合奏《がっそう》する。

潮

・チョウ
・しお

♪海《うみ》のみず(氵)
朝《あさ》になれば
満潮《まんちょう》に♪

・干潮《かんちょう》とは引《ひ》き潮《しお》のことだ。
・潮風《しおかぜ》にふかれる。

納

・ノウ／*ナッ／*ナ／*ナン／*トウ
・おさめる／おさまる

♪糸《いと》を
内《ない》しょで
店《みせ》に納《おさ》める♪

・納税用紙《のうぜいようし》をもらう。
・ぼくは毎日納豆《まいにちなっとう》を食《た》べる。

背

・ハイ
・せ／せい／*そむく／*そむける

♪北《きた》の月《つき》
ねえ
背比《せいくら》べしよう♪

・湖《みずうみ》を背景《はいけい》にして記念《きねん》写真《しゃしん》をとる。
・背中《せなか》に人《ひと》の気配《けはい》を感《かん》じる。
・重《おも》いリュックを背負《せお》う。

翌

・ヨク
・――

♪羽《はね》を広《ひろ》げ
飛《と》び立《た》ったよ
翌日《よくじつ》に♪

・いなかに着《つ》いた翌朝《よくあさ》、川《かわ》へつりに行《い》った。
・ビルが完成《かんせい》した翌年《よくねん》、火災《かさい》が発生《はっせい》した。

ゲームタワー

漢字とあそぼう

中学年 ?に入《はい》る漢字《かんじ》は？

あるきまりにしたがって、漢字《かんじ》がならんでいます。?には、①～③のどの漢字《かんじ》が入《はい》るかな。

1

〈ヒント〉曜日《ようび》に関《かん》係《けい》のある漢字《かんじ》がかくれているよ。

昼 → 有 → 畑 → ? → 楽

① 氷　② 雨　③ 図

2

〈ヒント〉数《かず》に関係《かんけい》がある漢字《かんじ》がかくれているよ。

丁 → ? → 宿 → 話 → 方

① 父　② 数　③ 計

答えは、271ページ

形《かたち》をまちがえやすい漢《かん》字《じ》

あれ？音太《おんた》くんなに書《か》いてるの？
カンジー号《ごう》の探検《たんけん》の記録《きろく》をつけてるんだ。
その名《な》も「うみにっき」だよ！
表紙《ひょうし》も自分《じぶん》で書《か》いたんだ！カッコいいだろ！
バ
海日記
ガチャ
なになに「うみにっき」だと！
ハハハ
こ、これは、ああ!!
ど、どうしたの!?
音太《おんた》くん！字《じ》がまちがっとる～！
海日記
またかい～!?

〈注《ちゅう》〉昔《むかし》はこの形《かたち》でしたが、今《いま》、小学校《しょうがっこう》で習《なら》うのは「海」です。

今《いま》は、こう書《か》くんだ!
〇 海
×〈注〉 海
うああ、パッと見《み》ただけじゃ、気《き》がつかないわね。
そのくらい大目《おおめ》にみてよ~。
トホホ~
わたしはいいが、テストでは×かもしれないよ。
ショボン…
まあまあ。ルールをおぼえていればいいのです。
漢字《かんじ》を組《く》み立《た》てている、線《せん》や点《てん》などのポイントをしっかりつかめば大《だい》じょうぶ!
パア!
パクさんホント!?

では、次《つぎ》の探検《たんけん》の前《まえ》におやつにしましょう!
わーいパクさんすてき!
わーん、わしもつれてってくれー!
ダッ

〈注《ちゅう》〉「おもななかま」の漢字《かんじ》の読《よ》みは、原則《げんそく》として音読《おんよ》み（カタカナ書《が》き）です。ただし、訓読《くんよ》みしかないものはひらがな書《が》きにしてあります。

点《てん》がつくかな？ 甫と甫

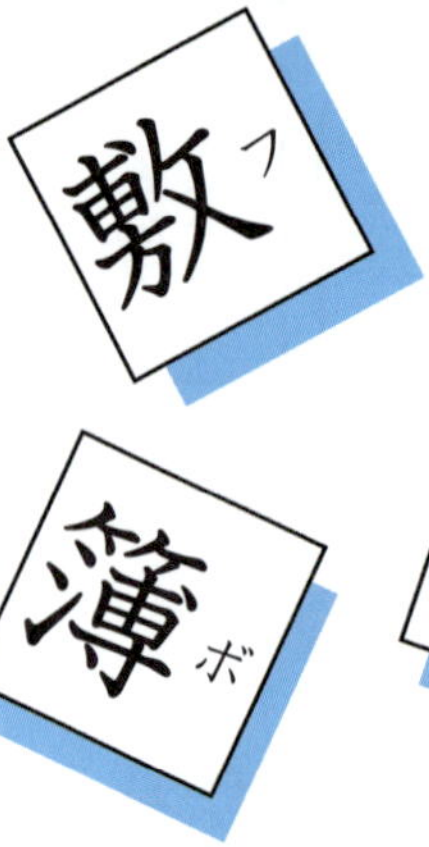

音読《おんよ》みがハ行《ぎょう》（ハヒフヘホ）かバ行《ぎょう》（バビブベボ）なら、「丶」がつくとおぼえよう。

おもななかま

甫	甫
博《ハク》	専《セン》
薄《ハク》	恵《ケイ》
縛《バク》	穂《スイ》
敷《フ》	
簿《ボ》	

点《てん》がつくかな？ 犬と大

ボクが漢字《かんじ》の一《いち》部《ぶ》につくときは、「つくり」になることが多《おお》いワン。

「つくり」は、二《ふた》つに分《わ》けられる漢字《かんじ》の、右側《みぎがわ》の部分《ぶぶん》だよ。

おもななかま

犬	大
犬《ケン》	大《ダイ》
然《ゼン》	美《ビ》
燃《ネン》	模《モ》
状《ジョウ》	器《キ》
獣《ジュウ》	因《イン》
黙《モク》	恩《オン》
献《ケン》	類《ルイ》
獄《ゴク》	寄《キ》
	突《トツ》

青字《あおじ》の漢字《かんじ》は、中学校《ちゅうがっこう》で習《なら》う漢字《かんじ》。

漢字たんけん―形をまちがえやすい漢字―

点がつくかな？ 宀と冖

かたかなで読んで、形を区別しましょう！

「ワ」かんむり
「ウ」かんむり

おもななかま

宀
 密ミツ
 容ヨウ
 察サツ
 宅タク
 家カ
 富フ
 宣セン
 宇ウ
 官カン
 寄キ
 安アン
 害ガイ

冖
 写シャ
 運ウン
 冠カン
 冗ジョウ

点がつくかな？ 方と万

「ピカピカの一万円には一点（、）のヨゴレなし」とおぼえてね。

「万」は、一フ万の順に書くよ！

おもななかま

方
 方ホウ
 放ホウ
 旅リョ
 族ゾク
 旗キ
 遊ユウ
 訪ホウ
 防ボウ

万
 万マン
 励レイ

横《よこ》に出《で》るかな？ ヨとヨ

▶たてやななめの棒《ぼう》が入《はい》ると出《で》る！

争 君

▶棒《ぼう》がなければ出《で》ない！

当

おもななかま

ヨ

君《クン》郡《グン》群《グン》争《ソウ》静《セイ》糖《トウ》律《リツ》建《ケン》健《ケン》

筆《ヒツ》書《ショ》康《コウ》妻《サイ》事《ジ》兼《ケン》

ヨ

帰《キ》雪《セツ》当《トウ》急《キュウ》婦《フ》

上《うえ》に出《で》るかな？ 失と矢

音読《おんよ》みが「ツ」で終《お》わるなら上《うえ》に出《だ》す！

おもななかま

失

失《シツ》鉄《テツ》秩《チツ》迭《テツ》

矢

矢《や》候《コウ》族《ゾク》医《イ》短《タン》知《チ》疑《ギ》侯《コウ》痴《チ》

凝《ギョウ》擬《ギ》矯《キョウ》

上《うえ》に出《で》るかな？ 力と刀

はっきり区別《くべつ》！

勝 ↔ 券

力《ちから》で勝《か》つ

刀《かたな》で切《き》る券《けん》

おもななかま

力

力《リョク》加《カ》賀《ガ》効《コウ》動《ドウ》勝《ショウ》勉《ベン》助《ジョ》勤《キン》労《ロウ》

男《ダン》務《ム》勢《セイ》努《ド》勇《ユウ》協《キョウ》功《コウ》働《ドウ》

刀

刀《トウ》初《ショ》粉《フン》昭《ショウ》照《ショウ》招《ショウ》切《セツ》解《カイ》潔《ケツ》留《リュウ》

貿《ボウ》分《フン》辺《ヘン》券《ケン》貧《ビン》盆《ボン》紛《フン》寡《カ》

線《せん》は二本《にほん》か三本《さんぼん》か？ 龹と𡗗

龹

チョンチョン（丷）が上《うえ》につけば、横線《よこせん》は二本《にほん》よ!!
わたしは、チョンチョンなしよ！
春

おもななかま

龹

券《ケン》勝《ショウ》巻《カン》圏《ケン》騰《トウ》謄《トウ》

𡗗

春《シュン》奏《ソウ》棒《ボウ》奉《ホウ》俸《ホウ》泰《タイ》

線は二本か三本か？ 羊と𦍌

「南も幸せも日本（二本）びいき」とおぼえよう。

「羊」と書くものには、ほかに「報」もあるよ。

おもななかま

羊
- 羊 ヨウ
- 洋 ヨウ
- 群 グン
- 達 タツ
- 善 ゼン
- 様 ヨウ
- 詳 ショウ
- 祥 ショウ
- 鮮 セン

遅 チ ゼン
繕 ゼン

𦍌
- 南 ナン
- 幸 コウ
- 報 ホウ

献 ケン
執 シツ

点か線か？ 求と术

「キュウ」と音読みする漢字は点四つだよ。

球

おもななかま

求
- 求 キュウ
- 球 キュウ
- 救 キュウ

术
- 述 ジュツ
- 術 ジュツ

点《てん》か線《せん》か?
母と毋

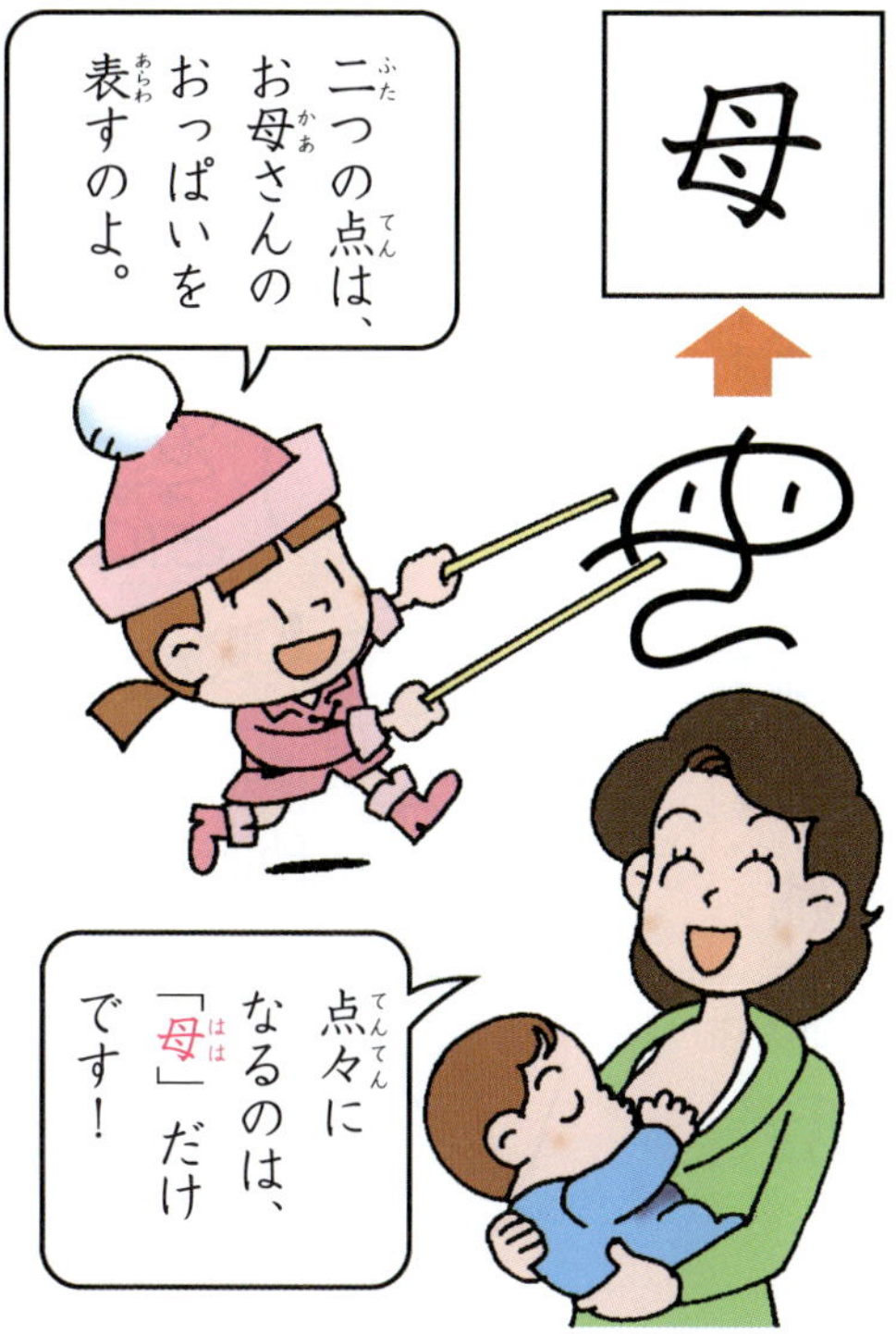

おもななかま

母
母《ボ》

毋
毎《マイ》 海《カイ》 毒《ドク》 梅《バイ》 敏《ビン》 繁《ハン》 悔《カイ》 侮《ブ》

点《てん》か線《せん》か?
忄と十

おもななかま

忄
性《セイ》 慣《カン》 情《ジョウ》 快《カイ》 忙《ボウ》 悩《ノウ》 惜《セキ》 慢《マン》 憎《ゾウ》

十
博《ハク》 協《キョウ》

点か線か？ 亠と十

主 市

「市場の主人は点(、)がすきだよ」と、おぼえよう。

点(、)になるときは、ほとんどがこのどちらかの形よ。

おもななかま

亠　主シュ　注チュウ　住ジュウ　往オウ　柱チュウ　市シ　姉シ　肺ハイ　駐チュウ

十　直チョク　植ショク　徳トク　喪ソウ　懐カイ　壊カイ　索サク

線が一つ入るかな？ 矛と予

務

「事務をする人、一つの線でもわすれずに！」

おもななかま

矛　務ム　矛ム　柔ジュウ　霧ム

予　予ヨ　預ヨ　野ヤ　序ジョ

線《せん》が一《ひと》つ入《はい》るかな？
戈と弋と弌

戈	弋	弌
ななめの線《せん》	線《せん》なし	まっすぐな線《せん》

形《かたち》のちがいをよーく区別《くべつ》するんだよ！

おもななかま

- 戈：戦《セン》機《キ》械《カイ》城《ジョウ》識《シキ》職《ショク》我《ガ》義《ギ》議《ギ》裁《サイ》
- 弋：式《シキ》試《シ》代《ダイ》貸《タイ》袋《タイ》
- 弌：武《ブ》弐《ニ》賦《フ》

線《せん》が一《ひと》つ入《はい》るかな？
艹と廿

革	席	度

「草《くさ》じゃない革《かわ》の座席《ざせき》にすわりたい」とおぼえましょう。

おもななかま

- 艹：草《ソウ》花《カ》葉《ヨウ》落《ラク》芽《ガ》英《エイ》菜《サイ》漢《カン》勤《キン》蔵《ゾウ》蒸《ジョウ》難《ナン》墓《ボ》苦《ク》茶《チャ》薬《ヤク》若《ジャク》芸《ゲイ》荷《カ》茎《ケイ》
- 廿：革《カク》席《セキ》度《ド》渡《ト》靴《カ》覇《ハ》庶《ショ》遮《シャ》

ゲームタワー

漢字とあそぼう

高学年

漢字選手権大会《かんじせんしゅけんたいかい》

今日《きょう》は、漢字《かんじ》の知識《ちしき》をきそう漢字選手権大会《かんじせんしゅけんたいかい》。試合《しあい》の前《まえ》に、出場選手《しゅつじょうせんしゅ》に気持《きも》ちや目標《もくひょう》を書《か》いてもらったよ。さて、チャンピオンになったのは、この六人《ろくにん》のうちのだれか、あててごらん。

優勝するのは、ぼくだ！ ひろと
絶体に、負けないわ！ りな
正解卒100%をめざす！ あかり
漢字博士のぼくに任せて！ りょう
漢字については専門家なみさ！ つかさ
どんな問題でも解いてみせるわ！ みさき

さすがにチャンピオンにはまちがいがないね。

答えは、271ページ

上《うえ》に一本《いっぽん》入《はい》るかな？ 可と司

音読《おんよ》みが「カ」「キ」なら一本《いっぽん》なし、「シ」なら一本《いっぽん》ありだよ。
可
カ
奇
キ
司
シ
一本《いっぽん》ナシ！
一本《いっぽん》アリ！

おもななかま

可

可《カ》 河《カ》 何《カ》 荷《カ》 寄《キ》 奇《キ》 騎《キ》

司

司《シ》 詞《シ》 飼《シ》 同《ドウ》 銅《ドウ》 興《コウ》 伺《シ》 嗣《シ》

上《うえ》に一本《いっぽん》入《はい》るかな？ 五と五

音読《おんよ》みが「ゴ」なら、上《うえ》に一本《いっぽん》入《はい》るのよ！
五《ご》
語《ご》
悟《ご》

おもななかま

五

衛《エイ》 違《イ》 偉《イ》 緯《イ》

五

五《ゴ》 語《ゴ》 悟《ゴ》

中に一本入るかな？ 易 と 昜

「一本なくて易しい字」とおぼえよう。

小学校で習う漢字で一本入らないのは「易」だけよ。

これならおぼえやすいゾ。

おもななかま

易 エキ
易 賜 シ
場 ジョウ 湯 トウ 陽 ヨウ 腸 チョウ 傷 ショウ 揚 ヨウ

昜

下につくかな？ 且 と 旦

下に「八」がつくと、はなれるよ。

「歯（八）の上にはひげ一本」とおぼえよう。

ナルホド︕

おもななかま

且 ソ
査 サ 祖 ソ 組 ソ 宜 ギ 阻 ソ 粗 ソ 租 ソ 畳 ジョウ 且 か（つ）
具 グ 真 シン 慎 シン 鎮 チン

旦

上《じょう》・下《げ》どっちが長《なが》い?

末と未

末
「上《うえ》が長《なが》いまつ(末)げ」とおぼえてね。
「マツ」と音読《おんよ》みするものは、上《うえ》が長《なが》くなるよ。

おもななかま

末

末《マツ》
抹《マツ》

未

未《ミ》
味《ミ》
妹《マイ》
魅《ミ》

上《じょう》・下《げ》どっちが長《なが》い?

士と土

武士《ぶし》は舌《した》(下《した》)が短《みじか》いのじゃ。
土《つち》は下《した》が長《なが》いよ。
土

おもななかま

士

士《シ》
志《シ》
誌《シ》
売《バイ》
読《ドク》
続《ゾク》
結《ケツ》
喜《キ》
仕《シ》
壱《イチ》

土

土《ド》
熱《ネツ》
勢《セイ》
陸《リク》
幸《コウ》
報《ホウ》
達《タツ》
赤《セキ》
走《ソウ》
起《キ》
徒《ト》
去《キョ》
法《ホウ》
寺《ジ》
待《タイ》
園《エン》
周《シュウ》

つくか つかないか？ 𠆢と八

「公園《こうえん》の分《わ》かれ道《みち》でハロー（𠆢）!!」
つかないのは、八公分公の形《かたち》をしているよ！

おもななかま

𠆢

食《ショク》飯《ハン》飲《イン》会《カイ》絵《カイ》合《ゴウ》給《キュウ》今《コン》念《ネン》令《レイ》
領《リョウ》冷《レイ》倉《ソウ》創《ソウ》幹《カン》余《ヨ》金《キン》界《カイ》介《カイ》

八

八《ハチ》公《コウ》総《ソウ》分《フン》貧《ビン》粉《フン》沿《エン》船《セン》穴《ケツ》松《ショウ》
翁《オウ》訟《ショウ》頒《ハン》紛《フン》鉛《エン》雰《フン》

はらう？ はらわない？ 千と干

はらうよ！
話
千
干
刊
岸
はらわないよ！

おもななかま

千

千《セン》舌《ゼツ》話《ワ》

干

干《カン》刊《カン》幹《カン》岸《ガン》汗《カン》肝《カン》軒《ケン》

はねる？はねない？
見と貝

見《み》てはねる！

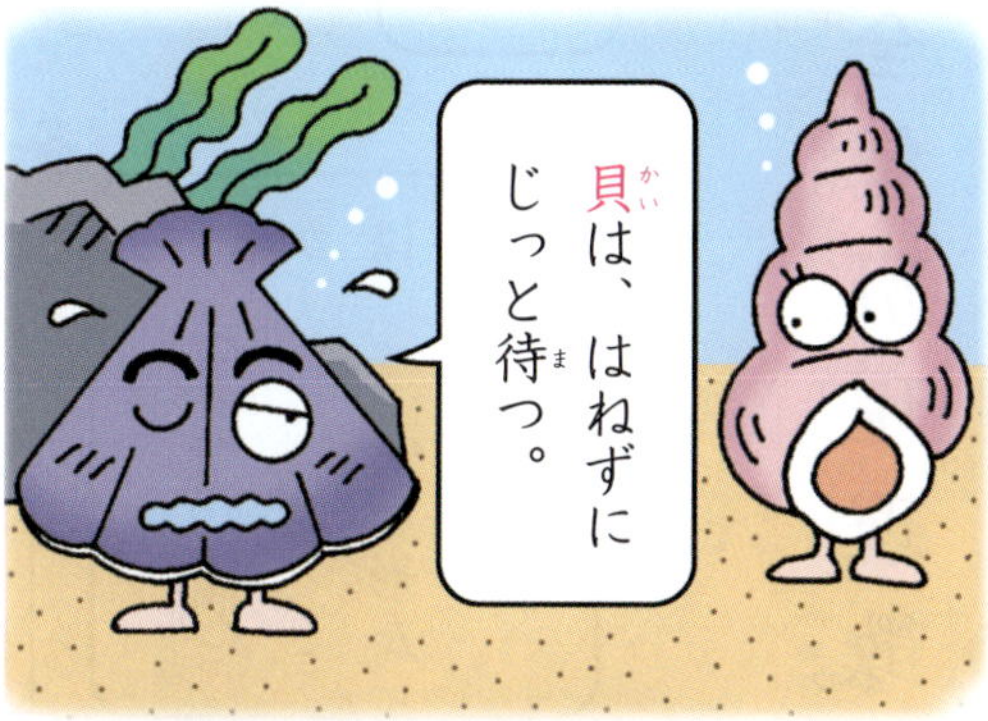
貝《かい》は、はねずにじっと待《ま》つ。

おもななかま

見
見《ケン》視《シ》親《シン》観《カン》現《ゲン》規《キ》覚《カク》覧《ラン》寛《カン》

貝
貝《かい》資《シ》貧《ビン》賃《チン》質《シツ》貨《カ》賀《ガ》貿《ボウ》賛《サン》
貸《タイ》負《フ》員《イン》損《ソン》賞《ショウ》買《バイ》測《ソク》則《ソク》側《ソク》

こころになるかな？
意と竟

キョウもまた心《こころ》が見《み》えない！

キョウと音読《おんよ》みするものは「心《こころ》」にならないよ。

おもななかま

意
意《イ》億《オク》憶《オク》

竟
境《キョウ》鏡《キョウ》

ま横《よこ》か ななめか？

王と壬

エヘン！
下《した》で立《た》っているよ！

へん（漢字《かんじ》の左側《ひだりがわ》）か、下《した》にあるときは、「王《おう》」の形《かたち》だよ。

王

おもななかま

王
王《オウ》 程《テイ》 聖《セイ》 皇《コウ》 全《ゼン》 望《ボウ》 班《ハン》 現《ゲン》 理《リ》 徴《チョウ》

壬
任《ニン》 賃《チン》 庭《テイ》 廷《テイ》 艇《テイ》 妊《ニン》

曲《ま》がるかな？

覀と酉

酉

曲《ま》がるときには一本線《いっぽんせん》が入《はい》るわ。

西
にし
曲《ま》がっても一本線《いっぽんせん》が入《はい》らないのは「西《にし》」だけ！

おもななかま

覀
価《カ》 票《ヒョウ》 標《ヒョウ》 要《ヨウ》 覆《フク》 漂《ヒョウ》 煙《エン》 遷《セン》 腰《ヨウ》 覇《ハ》

酉
酸《サン》 配《ハイ》 酒《シュ》 尊《ソン》 酬《シュウ》 醸《ジョウ》 酢《サク》 醜《シュウ》 酪《ラク》 酷《コク》
酵《コウ》 酔《スイ》 猶《ユウ》 遵《ジュン》 酌《シャク》

⺌か⺍か？

⺌と⺍と爫

おもなかま

⺌	⺍	爫
光《コウ》	挙《キョ》	乳《ニュウ》
党《トウ》	厳《ゲン》	暖《ダン》
賞《ショウ》	営《エイ》	愛《アイ》
堂《ドウ》	覚《カク》	受《ジュ》
消《ショウ》	学《ガク》	授《ジュ》
当《トウ》	栄《エイ》	菜《サイ》
常《ジョウ》	労《ロウ》	採《サイ》
尚《ショウ》	単《タン》	将《ショウ》
幣《ヘイ》	戦《セン》	緩《カン》
	脳《ノウ》	隠《イン》

ノ《の》ツ木《つき》か ノ《の》米《ごめ》か？

采と釆

おもなかま

采	釆
菜《サイ》	番《バン》
採《サイ》	釈《シャク》
彩《サイ》	審《シン》
	藩《ハン》
	翻《ホン》

この船《ふね》とももうすぐおわかれね…。
カンジーやパクさんたちとも、さよならか～。
さみしいでチュ。
ん？
ア
パラ
あっ、
招《しょう》待《たい》状《じょう》
おしゃれしてパーティーに来《く》るのだ!!
カンジー
カンジーからだ。
読子《よみこ》ちゃんすごいね、そのドレス。
音太《おんた》くんとアチョムだってバッチリよ。
カンジー様《さま》来《き》ましたよ～。
OK《オーケー》。

音太《おんた》くん 読子《よみこ》ちゃん アチョムくん
卒業《そつぎょう》パーティー!!
パチ
パチ
ワー
カンジー、このパーティーってわたしたちのために開《ひら》いてくれたの？
おう、大切《たいせつ》なお客様《きゃくさま》だからな！
ボク、あまりいい生徒《せいと》とはいえなかったのに…。
グスッ
そんなことはない。楽《たの》しく勉強《べんきょう》してきたではないか。
さあさ、しめっぽいことはそこまで！本日《ほんじつ》のスペシャルメニューですよ！
ワー
ワー
それ――！
パカッ

えー、なにこれ!!
①
お月見《つきみ》をする季節《きせつ》に合《あ》う一字《いちじ》の漢字《かんじ》はなに？
③
「進《すす》め」を表《あらわ》す信号《しんごう》の色《いろ》に合《あ》う漢字《かんじ》は？
料理《りょうり》の上《うえ》にまたクイズが〜。
②
太陽《たいよう》がしずむ方角《ほうがく》に合《あ》う漢字《かんじ》は？
④
「竹《たけ》□に乗《の》って遊《あそ》ぶ。」の□に合《あ》う漢字《かんじ》は？
ハッハッハ いかがかな？
カンジーってば!!
よーし、ここまでできたらやってやるぜ！
字
さあ、まずは食事《しょくじ》だ！ハラがへっては勉強《べんきょう》できぬ！
最後《さいご》までたっぷりと漢字《かんじ》で遊《あそ》んでゆくがよい！
わーい、いっただっきまーす！
カンジーありがとう！
THE END

見やすい

漢《かん》字《じ》の資《し》料《りょう》室《しつ》

くわしい

常用漢字《じょうようかんじ》音訓表《おんくんひょう》（二一三六字《じ》・五十音順《おんじゅん》）

●漢字《かんじ》の上《うえ》の①～⑥の数字《すうじ》は、小学校《しょうがっこう》で学習《がくしゅう》する学年《がくねん》をしめしています。
●カタカナは音読《おんよ》み、ひらがなは訓読《くんよ》み（太字《ふとじ》は送《おく》りがな）をしめしています。
●青字《あおじ》は、中学校《ちゅうがっこう》で新《あたら》しく学習《がくしゅう》する音読《おんよ》み・訓読《くんよ》みです。
●（　）内《ない》は、小《しょう》・中学校《ちゅうがっこう》では学習《がくしゅう》しない音読《おんよ》み・訓読《くんよ》みです。
●［　］内《ない》は、許容字体《きょようじたい》です。
●赤《あか》の数字《すうじ》は、この辞典《じてん》でその漢字《かんじ》を取《と》り上《あ》げているページです。三回《さんかい》以上《いじょう》取《と》り上《あ》げているものについては、主要《しゅよう》なページをしめしました。

ア

学年	漢字	読み	ページ
	亜	ア	
	哀	アイ　あわれ　あわれむ	
	挨	アイ	
④	愛	アイ	241
	曖	アイ	
③	悪	アク　（オ）　わるい	
	握	アク　にぎる	
⑤	圧	アツ	
	扱	あつかう	
	宛	あてる	
	嵐	あらし	
③	安	アン　やすい	32 227
④	案	アン	
③	暗	アン　くらい	50 151

イ

学年	漢字	読み	ページ
④	以	イ	130
④	衣	イ　ころも	102
④	位	イ　くらい	
④	囲	イ　かこむ　かこう	
③	医	イ	33 228
	依	イ　（エ）	
③	委	イ　ゆだねる	194
	威	イ	
	為	イ	137
	畏	イ　おそれる	
④	胃	イ	105 180
	尉	イ	
⑥	異	イ　こと	130
⑤	移	イ　うつる　うつす	
	萎	イ　なえる	
	偉	イ　えらい	235
	椅	イ	
	彙	イ	
③	意	イ	50 151 239
	違	イ　ちがう　ちがえる	235
	維	イ	
	慰	イ　なぐさめる　なぐさむ	
⑥	遺	イ　ユイ	235
	緯	イ	
⑥	域	イキ	
③	育	イク　そだつ　そだてる　はぐくむ	105
①	一	イチ　イツ　ひと　ひとつ	19
	壱	イチ	237
	逸	イツ	
	茨	いばら	
	芋	いも	
②	引	イン　ひく　ひける	35
④	印	イン　しるし	
⑤	因	イン　（よる）	33 194 226
	咽	イン	
	姻	イン	
③	員	イン	152 239
③	院	イン	32
	淫	イン　（みだら）	
	陰	イン　かげ　かげる	
③	飲	イン　のむ	238
	隠	イン　かくす　かくれる	241
	韻	イン	

ウ

学年	漢字	読み	ページ
①	右	ウ　ユウ　みぎ	
⑥	宇	ウ	199 227
②	羽	ウ　は　はね	
①	雨	ウ　あめ　あま	
	唄	うた	
	鬱	ウツ	
	畝	うね	
	浦	うら	
③	運	ウン　はこぶ	33 227
②	雲	ウン　くも	25

エ

漢字	学年	音訓	ページ
永	⑤	エイ ながい	100 186
泳	③	エイ およぐ	32 48
英	④	エイ	233
映	⑥	エイ うつる うつす はえる	165 215
栄	④	エイ さかえる (はえ) (はえる)	48 241
営	⑤	エイ いとなむ	241
詠		エイ (よむ)	48
影		エイ かげ	
鋭		エイ するどい	
衛	⑤	エイ	33 235
易	⑤	エキ イ やさしい	177 236
疫		エキ (ヤク)	
益	⑤	エキ (ヤク)	33
液	⑤	エキ	
駅	③	エキ	27 70
悦		エツ	
越		エツ こす こえる	
謁		エツ	
閲		エツ	
円	①	エン まるい	
延	⑥	エン のびる のべる のばす	33
沿	⑥	エン そう	238
炎		エン ほのお	
怨		(エン) オン	
宴		エン	
媛		エン	
援		エン	137
園	②	エン その	33 49 237
煙		エン けむる けむり けむい	240
猿		エン さる	
遠	②	エン (オン) とおい	49
鉛		エン なまり	238
塩	④	エン しお	25
演	⑤	エン	137
縁		エン ふち	
艶		(エン) つや	

オ

漢字	学年	音訓	ページ
汚		オ (けがす) (けがれる) (けがらわしい) よごす よごれる きたない	
王	①	オウ	125 240
凹		オウ	
央	③	オウ	
応	⑤	オウ こたえる	101
往	⑤	オウ	203 232
押		(オウ) おす おさえる	
旺		オウ	
欧		オウ	
殴		(オウ) なぐる	
桜	⑤	(オウ) さくら	
翁		オウ	238
奥		(オウ) おく	
横	③	オウ よこ	61 152
岡		おか	
屋	③	オク や	
億	④	オク	50 239
憶		オク	50 239
臆		オク	
虞		おそれ	
乙		オツ	36
俺		おれ	
卸		おろす おろし	
音	①	オン イン おと ね	112
恩	⑤	オン	202 226
温	③	オン あたたか あたたかい あたたまる あたためる	163
穏		オン おだやか	41

カ

漢字	学年	音訓	ページ
下	①	カ ゲ した しも もと さげる さがる くだる くだす くださる おろす おりる	19
化	③	カ ケ ばける ばかす	152
火	①	カ ひ (ほ)	18 25 112
加	④	カ くわえる くわわる	229
可	⑤	カ	235
仮	⑤	カ ケ かり	187
何	②	カ なに なん	235
花	①	カ はな	51 112 233
佳		カ	
価	⑤	カ (あたい)	240
果	④	カ はたす はてる はて	
河	⑤	カ かわ	100 235
苛		カ	
科	②	カ	197
架		カ かける かかる	
夏	②	カ ゲ なつ	
家	②	カ ケ いえ や	32 227
荷	③	カ に	153 233 235
華		カ (ケ) はな	
菓		カ	
貨	④	カ	51 180 196
渦		(カ) うず	
過	⑤	カ すぎる すごす (あやまつ) (あやまち)	33
嫁		(カ) よめ とつぐ	
暇		カ ひま	
禍		カ	
靴		(カ) くつ	233
寡		カ	229

漢字	学年	読み	ページ
歌	②	カ、うた、うたう	
箇		カ	
稼		(カ)、かせぐ	
課	④	カ	
蚊		か	
牙		(ガ)、ゲ、きば	
瓦		(ガ)、かわら	
我	⑥	ガ、われ、わ	233
画	②	ガ、カク	
芽	④	ガ、め	32 233
賀	⑤	ガ	229 239
雅		ガ	
餓		ガ	
介		カイ	238
回	②	カイ、(エ)、まわる、まわす	33 132
灰	⑥	カイ、はい	107 215
会	②	カイ、(エ)、あう	98 162 238
快	⑤	カイ、こころよい	51 101 198
戒		カイ、いましめる	
改	④	カイ、あらためる、あらたまる	
怪		カイ、あやしい、あやしむ	
拐		カイ	
悔		カイ、くいる、くやむ、くやしい	231
海	②	カイ、うみ	231
界	③	カイ	238
皆		カイ、みな	
械	④	カイ	134 233
絵	②	カイ、エ	27 118 238
開	③	カイ、ひらく、ひらける、あく、あける	33 162 132
階	③	カイ	32
塊		カイ、かたまり	
楷		カイ	
解	⑤	カイ、(ゲ)、とく、とかす、とける	173 187 229
潰		カイ、つぶす、つぶれる	
壊		カイ、こわす、こわれる	232
懐		カイ、(ふところ)、(なつかしい)、(なつかしむ)、(なつく)、(なつける)	232
諧		カイ	
貝	①	かい	239
外	②	ガイ、ゲ、そと、ほか、はずす、はずれる	
劾		ガイ	
害	④	ガイ	52 141 227
崖		ガイ、がけ	
涯		ガイ	
街	④	ガイ、カイ、まち	33
慨		ガイ	
蓋		ガイ、ふた	
該		ガイ	
概		ガイ	
骸		ガイ	
垣		かき	
柿		かき	
各	④	カク、(おのおの)	
角	②	カク、かど、つの	
拡	⑥	カク	61 216
革	⑥	カク、かわ	233
格	⑤	カク、(コウ)	
核		カク	
殻		カク、から	
郭		カク	
覚	④	カク、おぼえる、さます、さめる	54 169 241
較		カク	
隔		カク、へだてる、へだたる	
閣	⑥	カク	33
確	⑤	カク、たしか、たしかめる	
獲		カク、える	
嚇		カク	
穫		カク	
学	①	ガク、まなぶ	54 241
岳		ガク、たけ	
楽	②	ガク、ラク、たのしい、たのしむ	41
額	⑤	ガク、ひたい	
顎		ガク、あご	
掛		かける、かかる、かかり	
潟		かた	
括		カツ	
活	②	カツ	
喝		カツ	
渇		(カツ)、かわく	
割	⑥	カツ、わる、わり、われる、さく	52
葛		カツ、(くず)	
滑		カツ、コツ、すべる、なめらか	
褐		カツ	
轄		カツ	52
且		かつ	236
株	⑥	かぶ	
釜		かま	
鎌		かま	
刈		かる	
干	⑥	カン、ほす、ひる	238
刊	⑤	カン	106 238
甘		カン、あまい、あまえる、あまやかす	
汗		カン、あせ	238
缶		カン	

漢字	学年	音訓	ページ
完	④	カン	32
肝		カン きも	238
官	④	カン	196 227
冠		カン かんむり	227
巻	⑥	カン まく まき	229
看	⑥	カン	206
陥		カン おちいる (おとしいれる)	
乾		カン かわく かわかす	
勘		カン	
患		カン (わずらう)	
貫		カン つらぬく	
寒	③	カン さむい	
喚		カン	
堪		(カン) たえる	
換		カン かえる かわる	
敢		カン	
棺		カン	53
款		カン	
間	②	カン ケン あいだ ま	33 119 195
閑		カン	
勧		カン すすめる	169
寛		カン	239
幹	⑤	カン みき	238
感	③	カン	133
漢	③	カン	233
慣	⑤	カン なれる ならす	32 101 231
管	④	カン くだ	53
関	④	カン せき かかわる	33 133
歓		カン	133
監		カン	
緩		カン ゆるい ゆるやか ゆるむ ゆるめる	241
憾		カン	
還		カン	49
館	③	カン やかた	53
環		カン	49
簡	⑥	カン	
観	④	カン	133 239
韓		カン	
艦		カン	
鑑		カン (かんがみる)	36 133
丸	②	ガン まる まるい まるめる	
含		ガン ふくむ ふくめる	
岸	③	ガン きし	238
岩	②	ガン いわ	20 119
玩		ガン	
眼	⑤	ガン (ゲン) まなこ	62
頑		ガン	
顔	②	ガン かお	32
願	④	ガン ねがう	32 58 180
キ			
企		キ くわだてる	
伎		キ	
危	⑥	キ あぶない あやうい あやぶむ	
机	⑥	キ つくえ	
気	①	キ ケ	35 54
岐		キ	67
希	④	キ	
忌		キ (いむ) (いまわしい)	
汽	②	キ	54
奇		キ	235
祈		キ いのる	
季	④	キ	139 194
紀	④	キ	
軌		キ	
既		キ すでに	
記	②	キ しるす	32 35
起	③	キ おきる おこる おこす	33 237
飢		キ うえる	
鬼		キ おに	
帰	②	キ かえる かえす	166 228
基	⑤	キ もと (もとい)	
寄	⑤	キ よる よせる	226 227 235
規	⑤	キ	187 239
亀		キ かめ	
喜	④	キ よろこぶ	237
幾		キ いく	
揮	⑥	キ	99
期	③	キ (ゴ)	139 206
棋		キ	
貴	⑥	キ たっとい とうとい たっとぶ とうとぶ	216
棄		キ	
毀		キ	
旗	④	キ はた	227
器	④	キ うつわ	134 226
畿		キ	
輝		キ かがやく	
機	④	キ はた	134 139 233
騎		キ	235
技	⑤	ギ わざ	67
宜		ギ	236
偽		ギ いつわる (にせ)	
欺		ギ あざむく	
義	⑤	ギ	130 233
疑	⑥	ギ うたがう	228
儀		ギ	
戯		ギ (たわむれる)	
擬		ギ	228
犠		ギ	

漢字	学年	読み	ページ
議	④	ギ	130 233
菊		キク	
吉		キチ キツ	
喫		キツ	
詰		(キツ) つめる つまる つむ	
却		キャク	
客	③	キャク カク	
脚		キャク (キャ) あし	
逆	⑤	ギャク さか さからう	
虐		ギャク (しいたげる)	
九	①	キュウ ク ここの ここのつ	
久	⑤	キュウ (ク) ひさしい	
及		キュウ およぶ および およぼす	
弓	②	キュウ ゆみ	18
丘		キュウ おか	
旧	⑤	キュウ	
休	①	キュウ やすむ やすまる やすめる	32 113
吸	⑥	キュウ すう	
朽		キュウ くちる	
臼		キュウ うす	
求	④	キュウ もとめる	144 230
究	③	キュウ きわめる	33 144
泣	④	キュウ なく	174
急	③	キュウ いそぐ	228
級	③	キュウ	32 35
糾		キュウ	
宮	③	キュウ グウ (ク) みや	32 196
救	④	キュウ すくう	32 230
球	③	キュウ たま	25 171 230
給	④	キュウ	238
嗅		キュウ かぐ	
窮		キュウ (きわめる) (きわまる)	
牛	②	ギュウ うし	17
去	③	キョ コ さる	153 237
巨		キョ	
居	⑤	キョ いる	
拒		キョ こばむ	
拠		キョ コ	
挙	④	キョ あげる あがる	163 241
虚		キョ (コ)	
許	⑤	キョ ゆるす	
距		キョ	
魚	②	ギョ うお さかな	17
御		ギョ ゴ おん	
漁	④	ギョ リョウ	181
凶		キョウ	
共	④	キョウ とも	
叫		キョウ さけぶ	
狂		キョウ くるう くるおしい	
京	②	キョウ ケイ	33
享		キョウ	
供	⑥	キョウ (ク) そなえる とも	170
協	④	キョウ	135 229 231
況		キョウ	
峡		キョウ	
挟		(キョウ) はさむ はさまる	
狭		(キョウ) せまい せばめる せばまる	
恐		キョウ おそれる おそろしい	
恭		キョウ (うやうやしい)	
胸	⑥	キョウ むね むな	105
脅		キョウ (おびやかす) おどす おどかす	
強	②	キョウ ゴウ つよい つよまる つよめる しいる	119 135
教	②	キョウ おしえる おそわる	32 41 202
郷	⑥	キョウ ゴウ	32
境	⑤	キョウ ケイ さかい	55 239
橋	③	キョウ はし	25
矯		キョウ (ためる)	228
鏡	④	キョウ かがみ	55 239
競	④	キョウ ケイ きそう (せる)	134 181
響		キョウ ひびく	
驚		キョウ おどろく おどろかす	
仰		ギョウ コウ あおぐ (おおせ)	
暁		(ギョウ) あかつき	
業	③	ギョウ (ゴウ) わざ	138 140
凝		ギョウ こる こらす	228
曲	③	キョク まがる まげる	
局	③	キョク	
極	④	キョク ゴク きわめる きわまる きわみ	
玉	①	ギョク たま	125 171
巾		キン	
斤		キン	
均	⑤	キン	
近	②	キン ちかい	
金	①	キン コン かね かな	238
菌		キン	
勤	⑥	キン (ゴン) つとめる つとまる	172 229 233
琴		キン こと	
筋	⑥	キン すじ	33
僅		キン わずか	
禁	⑤	キン	103
緊		キン	
錦		キン にしき	

学年	漢字	音訓	ページ
	謹	キン／つつしむ	
	襟	(キン)／えり	
	吟	ギン	
③	銀	ギン	63

ク

学年	漢字	音訓	ページ
③	区	ク	33
⑤	句	ク	
③	苦	ク／くるしい／くるしむ／くるしめる／にがい／にがる	40 233
	駆	ク／かける／かる	
③	具	グ	236
	惧	グ	
	愚	グ／おろか	
①	空	クウ／そら／あく／あける／から	33 162
	偶	グウ	
	遇	グウ	
	隅	グウ／すみ	
	串	くし	
	屈	クツ	
	掘	クツ／ほる	
	窟	クツ	
	熊	くま	
	繰	くる	
③	君	クン／きみ	228
④	訓	クン	
	勲	クン	
	薫	(クン)／かおる	
④	軍	グン	
④	郡	グン	55 197 228
⑤	群	グン／むれる／むれ／むら	58 188 197

ケ

学年	漢字	音訓	ページ
②	兄	ケイ／キョウ／あに	33
	刑	ケイ	
②	形	ケイ／ギョウ／かた／かたち	
⑥	系	ケイ	
④	径	ケイ	59
	茎	ケイ／くき	59 233
③	係	ケイ／かかる／かかり	58
④	型	ケイ／かた	
	契	ケイ／(ちぎる)	
②	計	ケイ／はかる／はからう	32 120
	恵	ケイ／エ／めぐむ	226
	啓	ケイ	
	掲	ケイ／かかげる	
	渓	ケイ	
⑤	経	ケイ／キョウ／へる	59
	蛍	ケイ／ほたる	
⑥	敬	ケイ／うやまう	
④	景	ケイ	181
③	軽	ケイ／かるい／かろやか	59
	傾	ケイ／かたむく／かたむける	
	携	ケイ／たずさえる／たずさわる	
	継	ケイ／つぐ	
	詣	(ケイ)／もうでる	
	慶	ケイ	
	憬	ケイ	
	稽	ケイ	
	憩	ケイ／いこい／(いこう)	
⑥	警	ケイ	
	鶏	ケイ／にわとり	
④	芸	ゲイ	233
	迎	ゲイ／むかえる	
	鯨	ゲイ／くじら	
	隙	(ゲキ)／すき	
⑥	劇	ゲキ	
	撃	ゲキ／うつ	
⑥	激	ゲキ／はげしい	
	桁	けた	
④	欠	ケツ／かける／かく	
⑥	穴	ケツ／あな	216 238
③	血	ケツ／ち	
③	決	ケツ／きめる／きまる	51 198
④	結	ケツ／むすぶ／ゆう／ゆわえる	237
	傑	ケツ	
⑤	潔	ケツ／(いさぎよい)	229
①	月	ゲツ／ガツ／つき	
①	犬	ケン／いぬ	104 113 226
⑤	件	ケン	188
①	見	ケン／みる／みえる／みせる	113 135 239
⑤	券	ケン	229
	肩	(ケン)／かた	
④	建	ケン／(コン)／たてる／たつ	33 170 228
③	研	ケン／とぐ	
③	県	ケン	
	倹	ケン	60
	兼	ケン／かねる	228
	剣	ケン／つるぎ	60
	拳	ケン／こぶし	
	軒	ケン／のき	238
④	健	ケン／すこやか	98 182 228
⑤	険	ケン／けわしい	60 198
	圏	ケン	229
	堅	ケン／かたい	
⑤	検	ケン	60 135 198
	嫌	ケン／ゲン／きらう／いや	
	献	ケン／コン	226 230
⑥	絹	(ケン)／きぬ	

学年	漢字	読み	ページ
	遣	ケン　つかう　つかわす	
⑥	権	ケン　(ゴン)	
⑥	憲	ケン	52
	賢	ケン　かしこい	
	謙	ケン	
	鍵	ケン　かぎ	
	繭	(ケン)　まゆ	
	顕	ケン	
④	験	ケン　(ゲン)	60 198
	懸	ケン　(ケ)　かける　かかる	
②	元	ゲン　ガン　もと	33
	幻	ゲン　まぼろし	
	玄	ゲン	
②	言	ゲン　ゴン　いう　こと	
	弦	ゲン　(つる)	
⑤	限	ゲン　かぎる	62
②	原	ゲン　はら	33
⑤	現	ゲン　あらわれる　あらわす	164 188 240
	舷	ゲン	
⑤	減	ゲン　へる　へらす	
⑥	源	ゲン　みなもと	58 217
⑥	厳	ゲン　(ゴン)　おごそか　きびしい	241

コ

学年	漢字	読み	ページ
⑥	己	コ　キ　おのれ	
②	戸	コ　と	
②	古	コ　ふるい　ふるす	
⑥	呼	コ　よぶ	
④	固	コ　かためる　かたまる　かたい	33
	股	コ　また	
	虎	コ　とら	
	孤	コ	
	弧	コ	
⑤	故	コ　ゆえ	
	枯	コ　かれる　からす	22
⑤	個	コ	
③	庫	コ　(ク)	33 153
③	湖	コ　みずうみ	100
	雇	コ　やとう	
	誇	コ　ほこる	
	鼓	コ　(つづみ)	
	錮	コ	
	顧	コ　かえりみる	
①	五	ゴ　いつ　いつつ	235
	互	ゴ　たがい	
②	午	ゴ	
	呉	ゴ	
②	後	ゴ　コウ　のち　うしろ　あと　おくれる	41 137
	娯	ゴ	
	悟	ゴ　さとる	235
	碁	ゴ	
②	語	ゴ　かたる　かたらう	32 235
⑥	誤	ゴ　あやまる	164
⑤	護	ゴ	
①	口	コウ　ク　くち	18
②	工	コウ　ク	
②	公	コウ　おおやけ	120 137 238
	勾	コウ	
	孔	コウ	
④	功	コウ　(ク)	32 182 229
	巧	コウ　たくみ	
②	広	コウ　ひろい　ひろまる　ひろめる　ひろがる　ひろげる	33 61
	甲	コウ　カン	
②	交	コウ　まじわる　まじえる　まじる　まざる　まぜる　かう　かわす	33 176
②	光	コウ　ひかる　ひかり	33 241
③	向	コウ　むく　むける　むかう　むこう	
⑥	后	コウ	
④	好	コウ　このむ　すく	137 182
	江	コウ　え	
②	考	コウ　かんがえる	195
②	行	コウ　ギョウ　(アン)　いく　ゆく　おこなう	28 137 140
	坑	コウ	
⑥	孝	コウ	195
	抗	コウ	
	攻	コウ　せめる	
	更	コウ　さら　(ふける)　(ふかす)	
⑤	効	コウ　きく	32 229
③	幸	コウ　さいわい　さち　しあわせ	230 237
	拘	コウ	
	肯	コウ	
	侯	コウ	228
⑤	厚	コウ　あつい	33 137 161
	恒	コウ	
	洪	コウ	
⑥	皇	コウ　オウ	240
⑥	紅	コウ　ク　べに　くれない	
	荒	コウ　あらい　あれる　あらす	
	郊	コウ	
	香	コウ　(キョウ)　か　かおり　かおる	
④	候	コウ　(そうろう)	98 228
①	校	コウ	
⑤	耕	コウ　たがやす	

航	④	コウ	
貢		コウ、(ク)、(みつぐ)	
降	⑥	コウ、おりる、おろす、ふる	32
高	②	コウ、たかい、たか、たかまる、たかめる	
康	④	コウ	228
控		(コウ)、ひかえる	
梗		コウ	
黄	②	コウ、オウ、き、こ	
喉		コウ、のど	
慌		(コウ)、あわてる、あわただしい	
港	③	コウ、みなと	
硬		コウ、かたい	
絞		(コウ)、しぼる、しめる、しまる	
項		コウ	
溝		コウ、みぞ	
鉱	⑤	コウ	61
構	⑤	コウ、かまえる、かまう	138
綱		コウ、つな	
酵		コウ	240
稿		コウ	
興	⑤	コウ、キョウ、(おこる)、(おこす)	138 235
衡		コウ	
鋼	⑥	コウ、はがね	
講	⑤	コウ	137
購		コウ	
乞		こう	
号	③	ゴウ	35
合	②	ゴウ、ガッ、カッ、あう、あわす、あわせる	162 238
拷		ゴウ	
剛		ゴウ	
傲		ゴウ	
豪		ゴウ	
克		コク	
告	④	コク、つげる	
谷	②	コク、たに	
刻	⑥	コク、きざむ	106
国	②	コク、くに	33 35
黒	②	コク、くろ、くろい	
穀	⑥	コク	
酷		コク	240
獄		ゴク	226
骨	⑥	コツ、ほね	
駒		こま	
込		こむ、こめる	
頃		ころ	
今	②	コン、キン、いま	238
困	⑥	コン、こまる	33 194
昆		コン	
恨		コン、うらむ、うらめしい	63
根	③	コン、ね	32 62
婚		コン	
混	⑤	コン、まじる、まざる、まぜる、こむ	176
痕		コン、あと	
紺		コン	
魂		コン、たましい	
墾		コン	63
懇		コン、(ねんごろ)	63

サ

左	①	サ、ひだり	
佐		サ	
沙		サ	
査	⑤	サ	236
砂	⑥	サ、シャ、すな	217
唆		サ、(そそのかす)	
差	④	サ、さす	
詐		サ	
鎖		サ、くさり	
座	⑥	ザ、すわる	
挫		ザ	
才	②	サイ	
再	⑤	サイ、サ、ふたたび	
災	⑤	サイ、わざわい	107
妻	⑤	サイ、つま	228
采		サイ	
砕		サイ、くだく、くだける	
宰		サイ	
栽		サイ	64
彩		サイ、(いろどる)	65 241
採	⑤	サイ、とる	65 241
済	⑥	サイ、すむ、すます	
祭	③	サイ、まつる、まつり	103
斎		サイ	
細	②	サイ、ほそい、ほそる、こまか、こまかい	68
菜	④	サイ、な	65 233 241
最	④	サイ、もっとも	139 183
裁	⑥	サイ、たつ、さばく	64 102 171
債		サイ	
催		サイ、もよおす	
塞		サイ、ソク、ふさぐ、ふさがる	
歳		サイ、セイ	
載		サイ、のせる、のる	64
際	⑤	サイ、(きわ)	
埼		さい	
在	⑤	ザイ、ある	
材	④	ザイ	183
剤		ザイ	
財	⑤	ザイ、サイ	

学年	漢字	読み	ページ
⑤	罪	ザイ つみ	
	崎	さき	
②	作	サク サ つくる	35
	削	サク けずる	
④	昨	サク	
	柵	サク	
	索	サク	232
⑥	策	サク	
	酢	サク す	240
	搾	(サク) しぼる	
	錯	サク	
	咲	さく	
⑥	冊	サツ (サク)	
④	札	サツ ふだ	
④	刷	サツ する	32 106
	刹	(サツ) セツ	
	拶	サツ	
④	殺	サツ (サイ) (セツ) ころす	
④	察	サツ	227
	撮	サツ とる	
	擦	サツ する すれる	
⑤	雑	ザツ ゾウ	
③	皿	さら	
①	三	サン み みっつ みつ	19
①	山	サン やま	17
④	参	サン まいる	
	桟	サン	
⑥	蚕	サン かいこ	
	惨	サン (ザン) (みじめ)	
④	産	サン うむ うまれる (うぶ)	
	傘	(サン) かさ	
④	散	サン ちる ちらす ちらかす ちらかる	
②	算	サン	
⑤	酸	サン (すい)	240
⑤	賛	サン	239
④	残	ザン のこる のこす	
	斬	ザン きる	
	暫	ザン	
	シ		
④	士	シ	183 237
①	子	シ ス こ	18
⑤	支	シ ささえる	
②	止	シ とまる とめる	
④	氏	シ うじ	35 209
③	仕	シ (ジ) つかえる	32 67 237
④	史	シ	
④	司	シ	235
①	四	シ よ よつ よっつ よん	114
②	市	シ いち	199 232
②	矢	(シ) や	228
	旨	シ (むね)	
③	死	シ しぬ	
①	糸	シ いと	18
⑥	至	シ いたる	
	伺	(シ) うかがう	235
⑤	志	シ こころざす こころざし	131 189 237
⑥	私	シ わたくし わたし	
③	使	シ つかう	68
	刺	シ さす ささる	
③	始	シ はじめる はじまる	154 175
②	姉	シ あね	232
⑤	枝	(シ) えだ	67
	祉	シ	22
	肢	シ	
⑥	姿	シ すがた	217
②	思	シ おもう	68 101 120 202
③	指	シ ゆび さす	
	施	シ (セ) ほどこす	
⑤	師	シ	
	恣	シ	
②	紙	シ かみ	32
	脂	シ あぶら	
⑥	視	シ	218 239
	紫	シ むらさき	
⑥	詞	シ	235
③	歯	シ は	154
	嗣	シ	235
④	試	シ こころみる ためす	233
③	詩	シ	154
⑤	資	シ	239
⑤	飼	シ かう	235
⑥	誌	シ	237
	雌	シ めす め	
	摯	シ	
	賜	(シ) たまわる	236
	諮	シ はかる	
⑤	示	ジ シ しめす	
①	字	ジ あざ	114 199
②	寺	ジ てら	237
③	次	ジ シ つぎ つぐ	
①	耳	ジ みみ	18 35
②	自	ジ シ みずから	
⑤	似	ジ にる	
④	児	ジ ニ	33
③	事	ジ (ズ) こと	68 228
	侍	ジ さむらい	

学年	漢字	音訓	ページ
④	治	ジ チ おさめる おさまる なおる なおす	166 174
③	持	ジ もつ	155
②	時	ジ とき	121 139
	滋	ジ	
	慈	ジ (いつくしむ)	
④	辞	ジ やめる	
⑥	磁	ジ	
	餌［餌］	(ジ) え えさ	
	璽	ジ	
	鹿	しか か	
③	式	シキ	233
⑤	識	シキ	233
	軸	ジク	
①	七	シチ なな ななつ なの	35
	叱	シツ しかる	
④	失	シツ うしなう	228
②	室	シツ むろ	
	疾	シツ	
	執	シツ シュウ とる	230
	湿	シツ しめる しめす	
	嫉	シツ	
	漆	シツ うるし	
⑤	質	シツ シチ (チ)	239
③	実	ジツ み みのる	
	芝	しば	
③	写	シャ うつす うつる	165 227
②	社	シャ やしろ	32 103
①	車	シャ くるま	114
⑤	舎	シャ	
③	者	シャ もの	
⑥	射	シャ いる	
⑥	捨	シャ すてる	99 203
	赦	シャ	
	斜	シャ ななめ	
	煮	(シャ) にる にえる にやす	72
	遮	シャ さえぎる	233
⑤	謝	シャ あやまる	164
	邪	ジャ	
	蛇	ジャ ダ へび	
⑥	尺	シャク	
④	借	シャク かりる	98
	酌	シャク (くむ)	240
	釈	シャク	70 241
	爵	シャク	
⑥	若	ジャク (ニャク) わかい (もしくは)	218 233
②	弱	ジャク よわい よわる よわまる よわめる	
	寂	ジャク (セキ) さび さびしい さびれる	
①	手	シュ て た	18 99
③	主	シュ (ス) ぬし おも	232
③	守	シュ ス まもる もり	32
	朱	シュ	
③	取	シュ とる	
	狩	シュ かる かり	
②	首	シュ くび	
	殊	シュ こと	
	珠	シュ	
③	酒	シュ さけ さか	240
	腫	シュ はれる はらす	
④	種	シュ たね	
	趣	シュ おもむき	
	寿	ジュ ことぶき	
③	受	ジュ うける うかる	141 241
	呪	ジュ のろう	
⑤	授	ジュ さずける さずかる	141 241
	需	ジュ	
	儒	ジュ	
⑥	樹	ジュ	
⑥	収	シュウ おさめる おさまる	140 166
	囚	シュウ	
③	州	シュウ す	
	舟	シュウ ふね ふな	
	秀	シュウ (ひいでる)	
④	周	シュウ まわり	237
⑥	宗	シュウ ソウ	
③	拾	シュウ ジュウ ひろう	99 105 203
②	秋	シュウ あき	
	臭	シュウ くさい におう	
⑤	修	シュウ シュ おさめる おさまる	140 166
	袖	(シュウ) そで	
③	終	シュウ おわる おえる	155
	羞	シュウ	
③	習	シュウ ならう	156
②	週	シュウ	74
⑥	就	シュウ (ジュ) つく つける	172
⑥	衆	シュウ (シュ)	
③	集	シュウ あつまる あつめる つどう	34 41 140
	愁	シュウ (うれえる) (うれい)	
	酬	シュウ	240
	醜	シュウ みにくい	240
	蹴	シュウ ける	
	襲	シュウ おそう	
①	十	ジュウ ジッ とお と	
	汁	ジュウ しる	22
	充	ジュウ (あてる)	

漢字	学年	読み	ページ
住	③	ジュウ すむ すまう	71 203 232
柔		ジュウ ニュウ やわらか やわらかい	232
重	③	ジュウ チョウ え おもい かさねる かさなる	
従	⑥	ジュウ (ショウ) (ジュ) したがう したがえる	207
渋		ジュウ しぶ しぶい しぶる	
銃		ジュウ	
獣		ジュウ けもの	226
縦	⑥	ジュウ たて	
叔		シュク	
祝	④	シュク (シュウ) いわう	33 184 103
宿	③	シュク やど やどる やどす	
淑		シュク	
粛		シュク	
縮	⑥	シュク ちぢむ ちぢまる ちぢめる ちぢれる ちぢらす	218
塾		ジュク	
熟	⑥	ジュク うれる	33 107 208
出	①	シュツ スイ でる だす	115
述	⑤	ジュツ のべる	230
術	⑤	ジュツ	33 230
俊		シュン	
春	②	シュン はる	229
瞬		シュン (またたく)	
旬		ジュン シュン	
巡		ジュン めぐる	
盾		ジュン たて	
准		ジュン	
殉		ジュン	
純	⑥	ジュン	
循		ジュン	
順	④	ジュン	32
準	⑤	ジュン	
潤		ジュン うるおう うるおす うるむ	
遵		ジュン	240
処	⑥	ショ	
初	④	ショ はじめ はじめて はつ (うい) そめる	106 175 184
所	③	ショ ところ	
書	②	ショ かく	41 228
庶		ショ	233
暑	③	ショ あつい	73 156 161
署	⑥	ショ	73 219
緒		ショ チョ お	73
諸	⑥	ショ	72
女	①	ジョ ニョ (ニョウ) おんな め	
如		ジョ (ニョ)	
助	③	ジョ たすける たすかる すけ	32 229
序	⑤	ジョ	33 232
叙		ジョ	
徐		ジョ	
除	⑥	ジョ ジ のぞく	
小	①	ショウ ちいさい こ お	
升		ショウ ます	
少	②	ショウ すくない すこし	
召		ショウ めす	
匠		ショウ	
床		ショウ とこ ゆか	
抄		ショウ	
肖		ショウ	
尚		ショウ	241
招	⑤	ショウ まねく	99 189 229
承	⑤	ショウ うけたまわる	
昇		ショウ のぼる	
松	④	ショウ まつ	238
沼		(ショウ) ぬま	
昭	③	ショウ	229
宵		(ショウ) よい	
将	⑥	ショウ	241
消	③	ショウ きえる けす	241
症		ショウ	
祥		ショウ	230
称		ショウ	144
笑	④	ショウ わらう えむ	
唱	④	ショウ となえる	184
商	③	ショウ あきなう	
渉		ショウ	
章	③	ショウ	
紹		ショウ	
訟		ショウ	238
勝	③	ショウ かつ まさる	229
掌		ショウ	
晶		ショウ	
焼	④	ショウ やく やける	107
焦		ショウ こげる こがす こがれる (あせる)	
硝		ショウ	
粧		ショウ	
詔		ショウ (みことのり)	
証	⑤	ショウ	145 189
象	④	ショウ ゾウ	18 144
傷	⑥	ショウ きず いたむ いためる	141 236
奨		ショウ	
照	④	ショウ てる てらす てれる	107 144 229
詳		ショウ くわしい	230
彰		ショウ	

漢字	学年	音訓	ページ
障	⑥	ショウ (さわる)	141 145
憧		ショウ あこがれる	
衝		ショウ	
賞	④	ショウ	239 241
償		ショウ つぐなう	145
礁		ショウ	
鐘		ショウ かね	
上	①	ジョウ (ショウ) うえ うわ かみ あげる あがる のぼる のぼせる のぼす	19 35 163
丈		ジョウ たけ	
冗		ジョウ	227
条	⑤	ジョウ	
状	⑤	ジョウ	104 131 226
乗	③	ジョウ のる のせる	
城	⑥	ジョウ しろ	233
浄		ジョウ	
剰		ジョウ	
常	⑤	ジョウ つね (とこ)	131 241
情	⑤	ジョウ (セイ) なさけ	41 47 231
場	②	ジョウ ば	35 93 236
畳		ジョウ たたむ たたみ	236
蒸	⑥	ジョウ むす むれる むらす	233
縄		ジョウ なわ	
壌		ジョウ	
嬢		ジョウ	
錠		ジョウ	
譲		ジョウ ゆずる	
醸		ジョウ (かもす)	240
色	②	ショク シキ いろ	
拭		(ショク) ふく ぬぐう	
食	②	ショク (ジキ) くう (くらう) たべる	238
植	③	ショク うえる うわる	232
殖		ショク ふえる ふやす	
飾		ショク かざる	
触		ショク ふれる さわる	
嘱		ショク	
織	⑤	(ショク) シキ おる	
職	⑤	ショク	233
辱		ジョク (はずかしめる)	
尻		しり	
心	②	シン こころ	25 133
申	③	シン もうす	
伸		シン のびる のばす のべる	76
臣	④	シン ジン	
芯		シン	
身	③	シン み	
辛		シン からい	
侵		シン おかす	
信	④	シン	185
津		(シン) つ	
神	③	シン ジン かみ (かん) (こう)	76 103
唇		(シン) くちびる	
娠		シン	
振		シン ふる ふるう ふれる	
浸		シン ひたす ひたる	
真	③	シン ま	236
針	⑥	シン はり	142 219
深	③	シン ふかい ふかまる ふかめる	
紳		シン	76
進	③	シン すすむ すすめる	33 142 169
森	①	シン もり	20 115
診		シン みる	
寝		シン ねる ねかす	
慎		シン つつしむ	236
新	②	シン あたらしい あらた にい	
審		シン	241
震		シン ふるう ふるえる	
薪		シン たきぎ	
親	②	シン おや したしい したしむ	121 239
人	①	ジン ニン ひと	98
刃		(ジン) は	
仁	⑥	ジン ニ	
尽		ジン つくす つきる つかす	
迅		ジン	
甚		(ジン) はなはだ はなはだしい	
陣		ジン	
尋		ジン たずねる	
腎		ジン	

ス

漢字	学年	音訓	ページ
須		ス	
図	②	ズ ト はかる	
水	①	スイ みず	25 100 125
吹		スイ ふく	
垂	⑥	スイ たれる たらす	
炊		スイ たく	
帥		スイ	
粋		スイ いき	
衰		スイ おとろえる	
推	⑥	スイ おす	
酔		スイ よう	240
遂		スイ とげる	
睡		スイ	
穂		(スイ) ほ	226
随		ズイ	

髄 ズイ
枢 スウ
崇 スウ
② 数 スウ (ス) かず かぞえる 32 202
据 すえる すわる
杉 すぎ
裾 すそ
⑥ 寸 スン

セ

瀬 せ
是 ゼ
井 (セイ) (ショウ) い

---

③ 世 セイ セ よ 138
① 正 セイ ショウ ただしい ただす まさ 35 138
① 生 セイ ショウ いきる いかす いける うまれる うむ おう はえる はやす き なま 142
④ 成 セイ (ジョウ) なる なす 138 142
② 西 セイ サイ にし
② 声 セイ (ショウ) こえ こわ
⑤ 制 セイ 32
姓 セイ ショウ 22 77
征 セイ 77

---

⑤ 性 セイ ショウ 32 77 231
① 青 セイ (ショウ) あお あおい
斉 セイ
⑤ 政 セイ (ショウ) (まつりごと) 77
② 星 セイ ショウ ほし
牲 セイ 77
④ 省 セイ ショウ かえりみる はぶく
凄 セイ
逝 セイ (ゆく) (いく)
④ 清 セイ (ショウ) きよい きよまる きよめる 32 47 185

---

⑥ 盛 セイ (ジョウ) もる さかる さかん 33
婿 (セイ) むこ
② 晴 セイ はれる はらす 21 47 121
⑤ 勢 セイ いきおい 229 237
⑥ 聖 セイ 240
⑥ 誠 セイ まこと
⑤ 精 セイ ショウ 47
⑤ 製 セイ 102
誓 セイ ちかう
④ 静 セイ ジョウ しず しずか しずまる しずめる 41 47 228
請 セイ (シン) (こう) うける 22 47

---

③ 整 セイ ととのえる ととのう 77 173
醒 セイ
⑤ 税 ゼイ
① 夕 セキ ゆう
斥 セキ
① 石 セキ シャク コク いし
① 赤 セキ (シャク) あか あかい あからむ あからめる 237
③ 昔 (セキ) シャク むかし
析 セキ
④ 席 セキ 233
脊 セキ

隻 セキ
惜 セキ おしい おしむ 231
戚 セキ
⑤ 責 セキ せめる
跡 セキ あと
④ 積 セキ つむ つもる 204
⑤ 績 セキ 32 204
籍 セキ
② 切 セツ サイ きる きれる 106 148 167
④ 折 セツ おる おり おれる 99
拙 セツ つたない
窃 セツ

---

⑤ 接 セツ (つぐ)
⑤ 設 セツ もうける
② 雪 セツ ゆき 148 228
摂 セツ
④ 節 セツ (セチ) ふし 33
④ 説 セツ (ゼイ) とく 32 173
⑤ 舌 ゼツ した 212 238
⑤ 絶 ゼツ たえる たやす たつ 143 171 212
① 千 セン ち 115 238
① 川 セン かわ 116
仙 セン
占 セン しめる うらなう

---

① 先 セン さき 33
⑥ 宣 セン 227
⑥ 専 セン もっぱら 226
⑥ 泉 セン いずみ 100 219
④ 浅 セン あさい
⑥ 洗 セン あらう 100 220
⑥ 染 セン そめる そまる (しみる) (しみ)
扇 セン おうぎ
栓 セン
旋 セン
② 船 セン ふね ふな 25 238
④ 戦 セン いくさ たたかう 233 241

煎		セン いる	
羨		(セン) うらやむ うらやましい	
腺		セン	
詮		セン	
践		セン	
箋		セン	
銭	⑤	セン ぜに	
潜		セン ひそむ もぐる	
線	②	セン	
遷		セン	240
選	④	セン えらぶ	
薦		セン すすめる	
繊		セン	
鮮		セン あざやか	230
全	③	ゼン まったく すべて	240
前	②	ゼン まえ	
善	⑥	ゼン よい	230
然	④	ゼン ネン	226
禅		ゼン	
漸		ゼン	
膳		ゼン	
繕		ゼン つくろう	230

ソ

狙		ソ ねらう	
阻		ソ (はばむ)	236
祖	⑤	ソ	103 236
租		ソ	236
素	⑤	ソ ス	
措		ソ	
粗		ソ あらい	236
組	②	ソ くむ くみ	32 236
疎		ソ (うとい) (うとむ)	
訴		ソ うったえる	
塑		ソ	
遡［遡］		(ソ) さかのぼる	
礎		ソ (いしずえ)	
双		ソウ ふた	
壮		ソウ	
早	①	ソウ サッ はやい はやまる はやめる	116 176
争	④	ソウ あらそう	134 228
走	②	ソウ はしる	134 237
奏	⑥	ソウ (かなでる)	79 220 229
相	③	ソウ ショウ あい	
荘		ソウ	
草	①	ソウ くさ	32 233
送	③	ソウ おくる	165
倉	④	ソウ くら	25 98 238
捜		ソウ さがす	
挿		ソウ さす	
桑		(ソウ) くわ	
巣	④	(ソウ) す	
掃		ソウ はく	
曹		ソウ	
曽		ソウ ゾ	
爽		ソウ さわやか	
窓	⑥	ソウ まど	33
創	⑥	ソウ つくる	106 143 238
喪		ソウ も	232
痩		(ソウ) やせる	
葬		ソウ (ほうむる)	
装	⑥	ソウ ショウ (よそおう)	102
僧		ソウ	
想	③	ソウ (ソ)	143
層	⑥	ソウ	78
総	⑤	ソウ	238
遭		ソウ あう	
槽		ソウ	
踪		ソウ	
操	⑥	ソウ (みさお) あやつる	
燥		ソウ	
霜		(ソウ) しも	
騒		ソウ さわぐ	
藻		ソウ も	
造	⑤	ゾウ つくる	143
像	⑤	ゾウ	143
増	⑤	ゾウ ます ふえる ふやす	78
憎		ゾウ にくむ にくい にくらしい にくしみ	78 231
蔵	⑥	ゾウ くら	233
贈		ゾウ ソウ おくる	78 165
臓	⑥	ゾウ	105
即		ソク	
束	④	ソク たば	
足	①	ソク あし たりる たる たす	18
促		ソク うながす	
則	⑤	ソク	205 239
息	③	ソク いき	101
捉		ソク とらえる	
速	③	ソク はやい はやめる はやまる すみやか	176
側	④	ソク がわ	79 205 239
測	⑤	ソク はかる	79 205 239
俗		ゾク	
族	③	ゾク	227 228
属	⑤	ゾク	
賊		ゾク	
続	④	ゾク つづく つづける	237
卒	④	ソツ	204
率	⑤	ソツ リツ ひきいる	204
存	⑥	ソン ゾン	
村	①	ソン むら	32

- ④ 孫 ソン まご 58
- ⑥ 尊 ソン たっとい とうとい たっとぶ とうとぶ 240
- ⑤ 損 ソン そこなう そこねる 239
- 遜［遜］ ソン

タ

- ③ 他 タ ほか 32
- ② 多 タ おおい
- 汰 タ
- ③ 打 ダ うつ 99
- 妥 ダ
- 唾 ダ つば
- 堕 ダ
- 惰 ダ
- 駄 ダ
- ② 太 タイ タ ふとい ふとる
- ③ 対 タイ ツイ 143 144
- ② 体 タイ テイ からだ 143
- 耐 タイ たえる
- ③ 待 タイ まつ 237
- 怠 タイ おこたる なまける
- 胎 タイ
- ⑤ 退 タイ しりぞく しりぞける
- ④ 帯 タイ おびる おび
- 泰 タイ 229
- 堆 タイ
- 袋 （タイ） ふくろ 80 233
- 逮 タイ
- 替 タイ かえる かわる
- ⑤ 貸 タイ かす 80 196 212
- ④ 隊 タイ
- 滞 タイ とどこおる
- ⑤ 態 タイ
- 戴 タイ
- ① 大 ダイ タイ おお おおきい おおいに 226
- ③ 代 ダイ タイ かわる かえる よ しろ 167 233
- ② 台 ダイ タイ
- ③ 第 ダイ 33
- ③ 題 ダイ
- 滝 たき
- ⑥ 宅 タク 227
- 択 タク 70
- 沢 タク さわ 70
- 卓 タク
- 拓 タク
- 託 タク
- 濯 タク
- 諾 ダク
- 濁 ダク にごる にごす
- 但 ただし
- ④ 達 タツ 230 237
- 脱 ダツ ぬぐ ぬげる
- 奪 ダツ うばう
- 棚 たな
- 誰 だれ
- 丹 タン
- 旦 タン ダン
- ⑥ 担 タン （かつぐ） （になう）
- ④ 単 タン 241
- ③ 炭 タン すみ 107
- 胆 タン
- ⑥ 探 タン さぐる さがす 144
- 淡 タン あわい
- ③ 短 タン みじかい 228
- 嘆 タン なげく なげかわしい
- 端 タン はし （は） はた
- 綻 タン ほころびる
- ⑥ 誕 タン
- 鍛 タン きたえる
- ⑤ 団 ダン （トン）
- ① 男 ダン ナン おとこ 20 116 229
- ⑥ 段 ダン
- ⑤ 断 ダン たつ ことわる 171
- 弾 ダン ひく はずむ たま 171
- ⑥ 暖 ダン あたたか あたたかい あたたまる あたためる 163 241
- ③ 談 ダン
- 壇 ダン （タン）

チ

- ② 地 チ ジ
- ② 池 チ いけ 100
- ② 知 チ しる 228
- ⑥ 値 チ ね あたい
- 恥 チ はじる はじ はじらう はずかしい
- 致 チ いたす
- 遅 チ おくれる おくらす おそい 230
- 痴 チ 228
- 稚 チ
- ④ 置 チ おく
- 緻 チ
- ① 竹 チク たけ 18
- 畜 チク
- 逐 チク
- 蓄 チク たくわえる
- ⑤ 築 チク きずく 33
- 秩 チツ 228
- 窒 チツ
- ② 茶 チャ サ 32 233

学年	漢字	音訓	ページ
③	着	チャク（ジャク） きる きせる つく つける	167 172 206
	嫡	チャク	
①	中	チュウ ジュウ なか	
④	仲	チュウ なか	80
①	虫	チュウ むし	
	沖	（チュウ） おき	
⑥	宙	チュウ	
⑥	忠	チュウ	80
	抽	チュウ	
③	注	チュウ そそぐ	32 71 232
②	昼	チュウ ひる	
③	柱	チュウ はしら	71 156 232
	衷	チュウ	80
	酎	チュウ	
	鋳	チュウ いる	
	駐	チュウ	71 232
⑥	著	チョ あらわす いちじるしい	73 164
④	貯	チョ	
③	丁	チョウ テイ	
	弔	チョウ とむらう	
⑥	庁	チョウ	33
④	兆	チョウ （きざす） （きざし）	
①	町	チョウ まち	
②	長	チョウ ながい	41 142
	挑	チョウ いどむ	
③	帳	チョウ	207
⑤	張	チョウ はる	207 213
	彫	チョウ ほる	74
	眺	チョウ ながめる	
	釣	（チョウ） つる	
⑥	頂	チョウ いただく いただき	
②	鳥	チョウ とり	
②	朝	チョウ あさ	148 206
	貼	チョウ はる	
	超	チョウ こえる こす	
④	腸	チョウ	93 105 236
	跳	チョウ はねる とぶ	
	徴	チョウ	240
	嘲	チョウ あざける	
⑥	潮	チョウ しお	100 220
	澄	（チョウ） すむ すます	
③	調	チョウ しらべる ととのう ととのえる	74 135 173
	聴	チョウ きく	
	懲	チョウ こりる こらす こらしめる	
②	直	チョク ジキ ただちに なおす なおる	35 232 174
	勅	チョク	
	捗	チョク	
	沈	チン しずむ しずめる	
	珍	チン めずらしい	
	朕	チン	
	陳	チン	
⑥	賃	チン	196 239 240
	鎮	チン （しずめる） （しずまる）	236
	ツ		
③	追	ツイ おう	
	椎	ツイ	
	墜	ツイ	
②	通	ツウ （ツ） とおる とおす かよう	33 92
⑥	痛	ツウ いたい いたむ いためる	33 92
	塚	つか	
	漬	つける つかる	
	坪	つぼ	
	爪	つめ つま	
	鶴	つる	
	テ		
④	低	テイ ひくい ひくめる ひくまる	
	呈	テイ	
	廷	テイ	240
②	弟	テイ ダイ デ おとうと	
③	定	テイ ジョウ さだめる さだまる （さだか）	
④	底	テイ そこ	33
	抵	テイ	
	邸	テイ	
	亭	テイ	
	貞	テイ	
	帝	テイ	
	訂	テイ	
③	庭	テイ にわ	240
	逓	テイ	
④	停	テイ	98
	偵	テイ	
	堤	テイ つつみ	
⑤	提	テイ さげる	
⑤	程	テイ ほど	240
	艇	テイ	240
	締	テイ しまる しめる	
	諦	テイ あきらめる	
	泥	（デイ） どろ	
④	的	テキ まと	69
③	笛	テキ ふえ	
	摘	テキ つむ	
	滴	テキ しずく （したたる）	
⑤	適	テキ	
⑤	敵	テキ かたき	32
	溺	デキ おぼれる	
	迭	テツ	228
	哲	テツ	
③	鉄	テツ	228
	徹	テツ	
	撤	テツ	

① 天 テン あま（あめ） 19 117
④ 典 テン 65
② 店 テン みせ 33
② 点 テン 33 35
⑥ 展 テン
添 テン そえる そう
③ 転 テン ころがる ころげる ころがす ころぶ
塡 テン
① 田 デン た
塡
④ 伝 デン つたわる つたえる つたう 32
殿 デン テン との どの
② 電 デン 76

ト

斗 ト
吐 ト はく
妬 ト ねたむ
④ 徒 ト 207 237
途 ト
③ 都 ト ツ みやこ 32 72
渡 ト わたる わたす 233
塗 ト ぬる
賭 （ト） かける
① 土 ド ト つち 237
奴 ド
④ 努 ド つとめる 172 229

③ 度 ド （ト） タク たび 233
怒 ド いかる おこる
② 刀 トウ かたな 229
② 冬 トウ ふゆ
④ 灯 トウ （ひ） 107
② 当 トウ あたる あてる 41 228 241
③ 投 トウ なげる 99
③ 豆 トウ ズ まめ
② 東 トウ ひがし
到 トウ
逃 トウ にげる にがす のがす のがれる

倒 トウ たおれる たおす
凍 トウ こおる こごえる
唐 トウ から
③ 島 トウ しま
桃 トウ もも
⑥ 討 トウ うつ 135
透 トウ すく すかす すける
⑥ 党 トウ 33 241
悼 トウ （いたむ）
盗 トウ ぬすむ
陶 トウ
塔 トウ
搭 トウ

棟 トウ むね （むな）
③ 湯 トウ ゆ 93 236
痘 トウ
③ 登 トウ ト のぼる 33
② 答 トウ こたえる こたえ 33 149
③ 等 トウ ひとしい 33 157
筒 トウ つつ
⑤ 統 トウ （すべる）
稲 トウ いね いな
踏 トウ ふむ ふまえる
⑥ 糖 トウ 228
② 頭 トウ ズ （ト） あたま かしら 32

謄 トウ 229
藤 トウ ふじ
闘 トウ たたかう 135
騰 トウ 229
② 同 ドウ おなじ 235
洞 ドウ ほら
胴 ドウ
③ 動 ドウ うごく うごかす 41 229
④ 堂 ドウ 241
③ 童 ドウ わらべ
② 道 ドウ （トウ） みち 33 69
④ 働 ドウ はたらく 22 185 229
⑤ 銅 ドウ 235

⑤ 導 ドウ みちびく 69
瞳 ドウ ひとみ
峠 とうげ 22
匿 トク
④ 特 トク
④ 得 トク える うる
督 トク
⑤ 徳 トク 232
篤 トク
④ 毒 ドク 231
⑤ 独 ドク ひとり 104 213
② 読 ドク トク トウ よむ 237
栃 とち

凸 トツ
突 トツ つく 226
⑥ 届 とどける とどく
屯 トン
豚 トン ぶた
頓 トン
貪 ドン むさぼる
鈍 ドン にぶい にぶる
曇 ドン くもる
丼 どんぶり どん

ナ

那 ナ
奈 ナ

漢字	学年	音訓	ページ
内	②	ナイ、ダイ、うち	
梨		なし	
謎［謎］		なぞ	
鍋		なべ	
南	②	ナン、(ナ)、みなみ	230
軟		ナン、やわらか、やわらかい	
難	⑥	ナン、(かたい)、むずかしい	233
ニ			
二	①	ニ、ふた、ふたつ	19
尼		(ニ)、あま	
弐		ニ	233
匂		におう	
肉	②	ニク	105 149
虹		にじ	
日	①	ニチ、ジツ、ひ、か	17
入	①	ニュウ、いる、いれる、はいる	
乳	⑥	ニュウ、ちち、ち	241
尿		ニョウ	
任	⑤	ニン、まかせる、まかす	32 240
妊		ニン	240
忍		ニン、しのぶ、しのばせる	
認	⑥	ニン、みとめる	
ネ			
寧		ネイ	
熱	④	ネツ、あつい	107 208 237
年	①	ネン、とし	
念	④	ネン	101 238
捻		ネン	
粘		ネン、ねばる	
燃	⑤	ネン、もえる、もやす、もす	107 226
ノ			
悩		ノウ、なやむ、なやます	231
納	⑥	ノウ、ナッ、(ナ)、(ナン)、トウ、おさめる、おさまる	166 221
能	⑤	ノウ	
脳	⑥	ノウ	105 241
農	③	ノウ	
濃		ノウ、こい	
ハ			
把		ハ	
波	③	ハ、なみ	32
派	⑥	ハ	
破	⑤	ハ、やぶる、やぶれる	177 213
覇		ハ	233 240
馬	②	バ、うま、(ま)	17
婆		バ	
罵		バ、ののしる	
拝	⑥	ハイ、おがむ	
杯		ハイ、さかずき	
背	⑥	ハイ、せ、せい、そむく、そむける	105 221
肺	⑥	ハイ	105 232
俳	⑥	ハイ	86
配	③	ハイ、くばる	240
排		ハイ	86
敗	④	ハイ、やぶれる	32 177
廃		ハイ、すたれる、すたる	
輩		ハイ	
売	②	バイ、うる、うれる	237
倍	③	バイ	
梅	④	バイ、うめ	231
培		バイ、(つちかう)	
陪		バイ	
媒		バイ	
買	②	バイ、かう	239
賠		バイ	
白	①	ハク、(ビャク)、しろ、しら、しろい	
伯		ハク	
拍		ハク、ヒョウ	22
泊		ハク、とまる、とめる	
迫		ハク、せまる	
剝		ハク、はがす、はぐ、はがれる、はげる	
舶		ハク	
博	④	ハク、(バク)	226 231
薄		ハク、うすい、うすめる、うすまる、うすらぐ、うすれる	226
麦	②	バク、むぎ	
漠		バク	
縛		バク、しばる	226
爆		バク	
箱	③	はこ	
箸		はし	
畑	③	はた、はたけ	22 157
肌		はだ	
八	①	ハチ、や、やつ、やっつ、よう	238
鉢		ハチ、(ハツ)	
発	③	ハツ、ホツ	33 35
髪		ハツ、かみ	
伐		バツ	
抜		バツ、ぬく、ぬける、ぬかす、ぬかる	
罰		バツ、バチ	
閥		バツ	
反	③	ハン、(ホン)、タン、そる、そらす	
半	②	ハン、なかば	81
氾		ハン	
犯	⑤	ハン、おかす	104
帆		ハン、ほ	
汎		ハン	
伴		ハン、バン、ともなう	81
判	⑤	ハン、バン	32 81
坂	③	(ハン)、さか	82

阪 ハン
板 ③ ハン バン いた 32 82
版 ⑤ ハン 83
班 ⑥ ハン 240
畔 ハン 81
般 ハン
販 ハン 83
斑 ハン
飯 ④ ハン めし 82 238
搬 ハン
煩 ハン (ボン) わずらう わずらわす
頒 ハン 88 238
範 ハン

繁 ハン 231
藩 ハン 241
晩 ⑥ バン
番 ② バン 241
蛮 バン
盤 バン

ヒ

比 ⑤ ヒ くらべる
皮 ③ ヒ かわ
妃 ヒ
否 ⑥ ヒ (いな)
批 ⑥ ヒ
彼 ヒ かれ かの

披 ヒ
肥 ⑤ ヒ こえる こえ こやす こやし 105
非 ⑤ ヒ
卑 ヒ (いやしい) (いやしむ) (いやしめる)
飛 ④ ヒ とぶ とばす 35
疲 ヒ つかれる
秘 ⑥ ヒ ひめる
被 ヒ こうむる
悲 ③ ヒ かなしい かなしむ 41 86 101
扉 (ヒ) とびら
費 ④ ヒ ついやす ついえる
碑 ヒ

罷 ヒ
避 ヒ さける
尾 ビ お
眉 (ビ) ミ まゆ
美 ③ ビ うつくしい 226
備 ⑤ ビ そなえる そなわる 170
微 ビ
鼻 ③ ビ はな
膝 ひざ
肘 ひじ
匹 ヒツ ひき
必 ④ ヒツ かならず 101
泌 ヒツ (ヒ)

筆 ③ ヒツ ふで 228
姫 ひめ
百 ① ヒャク 117
氷 ③ ヒョウ こおり (ひ) 100 125
表 ③ ヒョウ おもて あらわす あらわれる 102 164
俵 ⑤ ヒョウ たわら
票 ④ ヒョウ 103 240
評 ⑤ ヒョウ
漂 ヒョウ ただよう 240
標 ④ ヒョウ 240
苗 (ビョウ) なえ なわ
秒 ③ ビョウ

病 ③ ビョウ (ヘイ) やむ やまい 33
描 ビョウ えがく かく
猫 (ビョウ) ねこ
品 ③ ヒン しな
浜 ヒン はま
貧 ⑤ ヒン ビン まずしい 88 214 238
賓 ヒン
頻 ヒン
敏 ビン 231
瓶 ビン

フ

不 ④ フ ブ
夫 ④ フ フウ おっと

父 ② フ ちち
付 ④ フ つける つく 172
布 ⑤ フ ぬの 199
扶 フ
府 ④ フ 87
怖 フ こわい
阜 フ
附 フ 87
訃 フ
負 ③ フ まける まかす おう 239
赴 フ おもむく
浮 フ うく うかれる うかぶ うかべる

婦 ⑤ フ 228
符 フ 87
富 ⑤ フ (フウ) とむ とみ 32 227
普 フ
腐 フ くさる くされる くさらす 87
敷 (フ) しく 226
膚 フ
賦 フ 233
譜 フ
侮 ブ (あなどる) 231
武 ⑤ ブ ム 233
部 ③ ブ 32
舞 ブ まう まい

	封	フウ ホウ	
②	風	フウ (フ) かぜ かざ	
	伏	フク ふせる ふす	
③	服	フク	
④	副	フク	
	幅	フク はば	
⑤	復	フク	89 208
③	福	フク	32 103
⑥	腹	フク はら	89 105 208
⑤	複	フク	89 102 208
	覆	フク おおう (くつがえす) (くつがえる)	89 240
	払	(フツ) はらう	
	沸	フツ わく わかす	
⑤	仏	ブツ ほとけ	98
③	物	ブツ モツ もの	
④	粉	フン こ こな	88 186 209
	紛	フン まぎれる まぎらす まぎらわす まぎらわしい	88 209 238
	雰	フン	238
	噴	フン ふく	
	墳	フン	
	憤	フン (いきどおる)	
⑥	奮	フン ふるう	
②	分	ブン フン ブ わける わかれる わかる わかつ	106 229 238
①	文	ブン モン ふみ	
②	聞	ブン (モン) きく きこえる	149

へ

	丙	ヘイ	
③	平	ヘイ ビョウ たいら ひら	145
④	兵	ヘイ (ヒョウ)	
	併	ヘイ あわせる	
⑥	並	ヘイ なみ ならべる ならぶ ならびに	145
	柄	(ヘイ) がら え	
⑥	陛	ヘイ	
⑥	閉	ヘイ とじる とざす しめる しまる	33 40
	塀	ヘイ	
	幣	ヘイ	241
	弊	ヘイ	
	蔽	ヘイ	
	餅 [餠]	ヘイ もち	
②	米	ベイ マイ こめ	
	壁	ヘキ かべ	
	璧	ヘキ	
	癖	ヘキ くせ	
④	別	ベツ わかれる	32
	蔑	ベツ さげすむ	
⑥	片	ヘン かた	
④	辺	ヘン あたり べ	41 229
③	返	ヘン かえす かえる	83 166
④	変	ヘン かわる かえる	167
	偏	ヘン かたよる	
	遍	ヘン	
⑤	編	ヘン あむ	
⑤	弁	ベン	
④	便	ベン ビン たより	41
③	勉	ベン	229

ホ

②	歩	ホ ブ (フ) あるく あゆむ	150
⑤	保	ホ たもつ	32 145 214
	哺	ホ	
	捕	ホ とらえる とらわれる とる つかまえる つかまる	
⑥	補	ホ おぎなう	32 102 145
	舗	ホ	
②	母	ボ はは	231
	募	ボ つのる	90
⑤	墓	ボ はか	90 233
	慕	ボ したう	91
⑥	暮	ボ くれる くらす	91
	簿	ボ	226
②	方	ホウ かた	132 227
④	包	ホウ つつむ	
	芳	ホウ (かんばしい)	
	邦	ホウ	
	奉	ホウ ブ (たてまつる)	79 229
⑥	宝	ホウ たから	
	抱	ホウ だく いだく かかえる	
③	放	ホウ はなす はなつ はなれる ほうる	32 132 227
④	法	ホウ (ハッ) (ホッ)	237
	泡	ホウ あわ	
	胞	ホウ	
	俸	ホウ	229
	倣	ホウ (ならう)	
	峰	ホウ みね	
	砲	ホウ	
	崩	ホウ くずれる くずす	
⑥	訪	ホウ おとずれる たずねる	227
⑤	報	ホウ むくいる	230 237
	蜂	ホウ はち	
⑤	豊	ホウ ゆたか	214
	飽	ホウ あきる あかす	
	褒	(ホウ) ほめる	
	縫	ホウ ぬう	
⑥	亡	ボウ (モウ) (ない)	33
	乏	ボウ とぼしい	
	忙	ボウ いそがしい	231
	坊	ボウ ボッ	
	妨	ボウ さまたげる	
⑥	忘	ボウ わすれる	101

漢字	学年	音訓	ページ
夜	②	ヤ よ よる	
野	②	ヤ の	232
弥		や	
厄		ヤク	
役	③	ヤク エキ	
約	④	ヤク	69
訳	⑥	ヤク わけ	32 70
薬	③	ヤク くすり	32 233
躍		ヤク おどる	
闇		やみ	

ユ

漢字	学年	音訓	ページ
由	③	ユ ユウ (ユイ) (よし)	
油	③	ユ あぶら	
喩		ユ	
愉		ユ	
諭		ユ さとす	
輸	⑤	ユ	210
癒		ユ いえる いやす	
唯		ユイ (イ)	
友	②	ユウ とも	
有	③	ユウ ウ ある	
勇	④	ユウ いさむ	92 186 229
幽		ユウ	
悠		ユウ	
郵	⑥	ユウ	32
湧		ユウ わく	
猶		ユウ	240
裕		ユウ	
遊	③	ユウ (ユ) あそぶ	227
雄		ユウ お おす	
誘		ユウ さそう	
憂		ユウ うれえる うれい (うい)	
融		ユウ	
優	⑥	ユウ やさしい すぐれる	177

ヨ

漢字	学年	音訓	ページ
与		ヨ あたえる	
予	③	ヨ	35 232
余	⑤	ヨ あまる あます	238
誉		ヨ ほまれ	
預	⑤	ヨ あずける あずかる	32 232
幼	⑥	ヨウ おさない	
用	②	ヨウ もちいる	
羊	③	ヨウ ひつじ	230
妖		ヨウ あやしい	
洋	③	ヨウ	32 230
要	④	ヨウ かなめ いる	240
容	⑤	ヨウ	227
庸		ヨウ	
揚		ヨウ あげる あがる	163 236
揺		ヨウ ゆれる ゆる ゆらぐ ゆるぐ ゆする ゆさぶる ゆすぶる	
葉	③	ヨウ は	233
陽	③	ヨウ	32 93 236
溶		ヨウ とける とかす とく	
腰		(ヨウ) こし	240
様	③	ヨウ さま	230
瘍		ヨウ	
踊		ヨウ おどる おどり	92
窯		(ヨウ) かま	
養	④	ヨウ やしなう	
擁		ヨウ	
謡		ヨウ (うたい) (うたう)	
曜	②	ヨウ	
抑		ヨク おさえる	
沃		ヨク	
浴	④	ヨク あびる あびせる	
欲	⑥	ヨク (ほっする) ほしい	
翌	⑥	ヨク	221
翼		ヨク つばさ	

ラ

漢字	学年	音訓	ページ
拉		ラ	
裸		ラ はだか	
羅		ラ	
来	②	ライ くる きたる きたす	
雷		ライ かみなり	
頼		ライ たのむ たのもしい たよる	
絡		ラク (からむ) (からまる) (からめる)	
落	③	ラク おちる おとす	233
酪		ラク	240
辣		ラツ	
乱	⑥	ラン みだれる みだす	
卵	⑥	ラン たまご	
覧	⑥	ラン	239
濫		ラン	
藍		(ラン) あい	
欄		ラン	

リ

漢字	学年	音訓	ページ
吏		リ	68
利	④	リ (きく)	32
里	②	リ さと	
理	②	リ	94 151 240
痢		リ	
裏	⑥	リ うら	94 102
履		リ はく	89
璃		リ	
離		リ はなれる はなす	
陸	④	リク	32 237

- 立 ① リツ（リュウ） たつ たてる 170
- 律 ⑥ リツ（リチ） 228
- 慄 リツ
- 略 ⑤ リャク
- 柳 リュウ やなぎ
- 流 ③ リュウ（ル） ながれる ながす 32
- 留 ⑤ リュウ ル とめる とまる 229
- 竜 リュウ たつ
- 粒 リュウ つぶ
- 隆 リュウ
- 硫 リュウ
- 侶 リョ

- 旅 ③ リョ たび 227
- 虜 リョ
- 慮 リョ
- 了 リョウ
- 両 ③ リョウ
- 良 ④ リョウ よい
- 料 ④ リョウ 197
- 涼 リョウ すずしい すずむ
- 猟 リョウ
- 陵 リョウ（みささぎ）
- 量 ④ リョウ はかる
- 僚 リョウ
- 領 ⑤ リョウ 238
- 寮 リョウ

- 療 リョウ
- 瞭 リョウ
- 糧 リョウ（ロウ） （かて）
- 力 ① リョク リキ ちから 229
- 緑 ③ リョク（ロク） みどり 32 210
- 林 ① リン はやし 20 32 118
- 厘 リン 94
- 倫 リン 94
- 輪 ④ リン わ 94 210
- 隣 リン となる となり
- 臨 ⑥ リン のぞむ 175

ル

- 瑠 ル

- 涙 ルイ なみだ
- 累 ルイ
- 塁 ルイ
- 類 ④ ルイ たぐい 32 226

レ

- 令 ④ レイ 98 238
- 礼 ③ レイ（ライ） 32 103
- 冷 ④ レイ つめたい ひえる ひや ひやす ひやかす さめる さます 40 169 238
- 励 レイ はげむ はげます 227
- 戻 （レイ） もどす もどる
- 例 ④ レイ たとえる

- 鈴 レイ リン すず
- 零 レイ
- 霊 レイ（リョウ） （たま）
- 隷 レイ
- 齢 レイ
- 麗 レイ（うるわしい）
- 暦 レキ こよみ
- 歴 ④ レキ
- 列 ③ レツ 32 106
- 劣 レツ おとる
- 烈 レツ
- 裂 レツ さく さける

- 恋 レン こう こい こいしい
- 連 ④ レン つらなる つらねる つれる 33
- 廉 レン
- 練 ③ レン ねる
- 錬 レン

ロ

- 呂 ロ
- 炉 ロ
- 賂 ロ
- 路 ③ ロ じ 142
- 露 ロ ロウ つゆ
- 老 ④ ロウ おいる （ふける）

- 労 ④ ロウ 48 229 241
- 弄 ロウ もてあそぶ
- 郎 ロウ
- 朗 ⑥ ロウ ほがらか
- 浪 ロウ
- 廊 ロウ
- 楼 ロウ
- 漏 ロウ もる もれる もらす
- 籠 （ロウ） かご こもる
- 六 ① ロク む むつ むっつ むい 118
- 録 ④ ロク 210
- 麓 ロク ふもと

- 論 ⑥ ロン 94

ワ

- 和 ③ ワ（オ） やわらぐ やわらげる なごむ なごやか
- 話 ② ワ はなす はなし 32 238
- 賄 ワイ まかなう
- 脇 わき
- 惑 ワク まどう
- 枠 わく
- 湾 ワン
- 腕 ワン うで

特《とく》別《べつ》な読《よ》み方《かた》の言葉《ことば》

・◎印《じるし》の付《つ》いているものは、小学校《しょうがっこう》では学習《がくしゅう》しない語《ご》。
・漢字《かんじ》のもつ音訓《おんくん》とは関係《かんけい》のない読《よ》み方《かた》が多《おお》いので、ひとまとまりの言葉《ことば》の読《よ》み方《かた》としておぼえましょう。

明日《あす》
◎小豆《あずき》
◎硫黄《いおう》
◎意気地《いくじ》
◎田舎《いなか》
◎海原《うなばら》
◎乳母《うば》
◎浮《うわ》つく
◎笑顔《えがお》
◎叔父《おじ》
◎伯父《おじ》
大人《おとな》
◎乙女《おとめ》

◎叔母《おば》
◎伯母《おば》
◎お巡《まわ》りさん
母《かあ》さん
◎鍛冶《かじ》
◎風邪《かぜ》
◎固唾《かたず》
◎仮名《かな》
◎為替《かわせ》
河原《かわら》
川原《かわら》
昨日《きのう》
今日《きょう》

果物《くだもの》
今朝《けさ》
景色《けしき》
◎心地《ここち》
今年《ことし》
◎早乙女《さおとめ》
◎差《さ》し支《つか》える
◎五月《さつき》
◎早苗《さなえ》
◎五月雨《さみだれ》
◎時雨《しぐれ》
◎尻尾《しっぽ》
◎竹刀《しない》

◎老舗《しにせ》
◎芝生《しばふ》
清水《しみず》
◎三味線《しゃみせん》
◎砂利《じゃり》
上手《じょうず》
◎白髪《しらが》
◎相撲《すもう》
◎草履《ぞうり》
◎太刀《たち》
◎立《た》ち退《の》く
七夕《たなばた》
◎足袋《たび》

一日《ついたち》
◎梅雨《つゆ》
◎凸凹《でこぼこ》
手伝《てつだ》う
父《とう》さん
時計《とけい》
友達《ともだち》
◎名残《なごり》
◎雪崩《なだれ》
兄《にい》さん
姉《ねえ》さん
博士《はかせ》
◎二十《はたち》

◎二十歳《はたち》
二十日《はつか》
◎波止場《はとば》
一人《ひとり》
◎日和《ひより》
二人《ふたり》
二日《ふつか》
◎吹雪《ふぶき》
下手《へた》
部屋《へや》
迷子《まいご》
真面目《まじめ》
真《ま》っ赤《か》

真《ま》っ青《さお》
◎土産《みやげ》
◎息子《むすこ》
眼鏡《めがね》
◎紅葉《もみじ》
◎木綿《もめん》
◎最寄《もよ》り
八百屋《やおや》
◎大和《やまと》
◎弥生《やよい》
◎行方《ゆくえ》
◎若人《わこうど》

ゲームタワーの答え

なぞの手紙　23ページ

月《げつ》よう日《び》の夜《よる》、花火大会《はなびたいかい》があるよ。いっしょに見《み》に行《い》こうよ。六時《ろくじ》に学校《がっこう》の正門《せいもん》の前《まえ》で、まっているね。

山田《やまだ》より

あなたはだーれ？　37ページ

りょう…岸木《きしき》　りな…森下《もりした》　あかり…大川《おおかわ》　ひろと…和田《わだ》

漢字つり大会　42ページ

りょう…一ぴき　りな…三びき　ラビオーリ…三びき
あかり…二ひき

なかま集め競争　56・57ページ

▼りょう…起　りな…変・数・考　ラビオーリ…定・広・固　あかり…困・返
ひろと
▼生《い》き物《もの》に関係《かんけい》のある漢字《かんじ》は、犬《いぬ》→魚《さかな》→馬《うま》→牛《うし》→鳥《とり》→虫《むし》。

おばけ漢字の正体は？　66ページ

①下　読《よ》み方《かた》（右《みぎ》から）…ちか・おろす・くだる・さげる・げこう・とした・かわしも　②生　読《よ》み方《かた》…なまみず・はえる・うまれる・いきる・がくせい・いっしょう

なかま外れはどれ？　75ページ

①寺　②降　③夕　▼①「寺」の部首《ぶしゅ》は「寸《すん》」。②「降」以外《いがい》はすべて、「う」が送《おく》りがなにつく。③「夕《ゆう》」は訓読《くんよ》み。あとは音読《おんよ》みの「ユウ」。

体の漢字探検　84・85ページ

P.84（右回《みぎまわ》りに）毛・頭・額・目・耳・口・舌・歯・指・手・背中・足・腹・胸・肩・首・鼻　P.85 心臓・骨・血管・腸・胃・肺・筋肉

ジャングル探検　95ページ

カメレオン

漢字の親せきさがし　108ページ

灯…＝点…、祝…＝票…、快…＝息…、温…＝求…

▼形《かたち》がちがっても同《おな》じ部《ぶ》首《しゅ》なので、親《しん》せきです。

一画たして変身 122ページ

1 ①犬・太・天・夫 ②田・目・白・由・申・旧

2 ①十 ②土 ③王 ④主

＊1は、小学校《しょうがっこう》で習《なら》う漢字《かんじ》のみ取《と》りあげました。

ぬり絵展覧会 136ページ

ヨット

▼晴・声・省・生・成・清・西のますに色《いろ》をぬります。

共通漢字をさがせ! 146ページ

①口 ②田 ③里

▼①古・員・知・鳴 ②番・男・畑・町 ③童・黒・理・野

漢字製造工場 158ページ

第《だい》1工場《こうじょう》…相・根・権・眼・観 第《だい》2工場《こうじょう》…翌・習・章・皇・草

▼第《だい》1工場《こうじょう》…A木、B目、C艮、D隹、E見 第《だい》2工《こう》場《じょう》…A羽、B立、C白、D早、E王、F艹

漢字しりとり 168ページ

林《はやし》↓白《しろ》↓六《ろく》↓空《くう》↓海《うみ》↓道《みち》↓力《ちから》↓楽《らく》↓草《くさ》↓魚《さかな》↓夏《なつ》↓月《つき》↓北《きた》↓体《たい》↓池《いけ》

パラシュート部隊 178ページ

①エ ②ク ③イ

画数パズル 190ページ

①夏 ②感 ③談

▼①画数《かくすう》が二画《にかく》ずつふえます。②画数《かくすう》が三画《さんかく》ずつふえます。③画数《かくすう》が二画《にかく》、三画《さんかく》、四画《よんかく》、五画《ごかく》とふえます。

地下通路を脱出せよ 200・201ページ

末↓録↓第↓料↓待

?に入る漢字は? 222ページ

1 ① 2 ③

▼1 日《にち》↓月《げつ》↓火《か》↓水《すい》↓木《もく》 2 一《いち》↓十《じゅう》↓百《ひゃく》↓千《せん》↓万《まん》

漢字選手権大会 234ページ

つかさ

▼ひろと…勝↓勝 あかり…卒↓率 りな…体↓対 りょう…博↓博 みさき…解↓解

この本をつくった人

●監修
加納喜光

●装丁
長谷川由美

●表紙・カバーイラスト・扉4コマまんが
いぢちひろゆき

●レイアウト・デザイン
㈱奎文館
原　みどり

●イラスト
㈱クリエイティブ･ノア
おだぎみを　長谷部 徹
クドウあや

●まんが
工藤ケン

●編集制作・協力
㈱奎文館　㈲アン企画
長岡　襄　渡部麻子
松尾美穂

●編集統括
学研辞典編集部

〈参考文献〉

漢字源改訂第五版（学研教育出版／2011年）
学習用例漢和辞典改訂第二版（学研教育出版／2014年）
現代標準漢和辞典改訂第２版（学研教育出版／2011年）
中国古代人物服式与画法（黄輝 著／1987年 上海）

小学生のまんが漢字辞典　改訂版

2004年12月 7 日　初版発行
2015年 7 月21日　改訂版初版発行
2025年 3 月14日　改訂版第10刷発行

監　修　　加納　喜光
発行人　　川畑　勝
編集人　　志村　俊幸
発行所　　株式会社Gakken
〒141-8416　東京都品川区西五反田2-11-8
印刷所　　TOPPAN株式会社

●この本に関する各種お問い合わせ先
本の内容については、下記サイトのお問い合わせフォームよりお願いします。
https://www.corp-gakken.co.jp/contact/
在庫については　Tel 03-6431-1199（販売部）
不良品（落丁、乱丁）については　Tel 0570-000577
学研業務センター　〒354-0045　埼玉県入間郡三芳町上富279-1
上記以外のお問い合わせは　Tel 0570-056-710（学研グループ総合案内）

学研グループの書籍・雑誌についての新刊情報・詳細情報は、下記をご覧ください。
学研出版サイト　http://hon.gakken.jp/